丛书

百析

第3版

杨林成 著

上海教育出版社
SHANGHAI EDUCATIONAL
PUBLISHING HOUSE

2019 年第 3 版说明

《词误百析》原本是"咬文嚼字文库·慧眼书系"的一种。2010 年出版以来,广受读者的欢迎,销量超过 1.5 万册。在本书的当当网评论区中,读者"雨叶飘摇"留言道:"对高中学生很有用,里面很多词语都是常考的。书中对词语的解释非常详细,让读者在理解的基础上记忆。"读者"南瑞湖畔"则说:"好书,内容深入浅出,诙谐、大气,值得反复阅读,值得看!"我的侄女李斐儿,2017 年辽宁省高考理科第 8 名,进入北京大学光华管理学院。她在沈阳读中学时,对《词误百析》爱不释手。为啥呢?她回答说:"有知识,有故事,有趣味。"

几年前,《词误百析》在市面上已断货。当当网、京东网、亚马逊网等网站均显示"缺货""无货"。不少读者朋友来信、来电,希望该书能再版。上海教育出版社闻知后,果断地将《词误百析》第 3 版列入 2019 年度出书计划。

第 2 版曾修订过书中的 10 多处地方,使表述更为严谨。本次第 3 版改由上海教育出版社出版,内容上也做了一些修订工作,主要是增补了 8 篇新稿子,全书由原来的 100 篇增至 108 篇。这 8 篇稿子是:《"不齿"与"不耻"》《"出生"与"出身"》《"篡改"与"窜改"》《"反映"与"反应"》《"麻子"与"雀斑"》《"营利"与"盈利"》《"原形"与"原型"》《"终生"与"终身"》。

一个语文水准低下的国度,不可能建设成一个高度现代化的信息社会。十多年前我曾经编辑过一本作文丛刊,著名作家王安忆女士给丛刊的题词是:"爱惜我们的文字,不要在我们手中折损它的严格的美丽,一代一代传下去。"一直喜欢她的这个题词。她的话,也可算作我当初编写《词误百析》的初心吧。

杨林成

2019.1.14

"慧眼书系"出版说明

《咬文嚼字文库》是一套开放性的丛书。它以语言文字的研究和运用为主要内容,由咬文嚼字文化传播有限公司策划并组织出版。"慧眼书系"是其中的一个系列。

"慧眼书系"计划出版六种:

一是《字误百解》,二是《字辨百题》,三是《词误百析》,四是《词辨百话》,五是《语病百讲》,六是《标点百说》。

在具体写法上,大致分为四个板块:

一是病例。一题一例或数例,它们来之于现实语文生活,又有差错的典型性。

二是诊断。就错论错,一语中的。明确指出错在哪里,错误性质,以及如何修改。

三是辨析。在要害处说道理,要让人知其然,还要知其所以然。

四是链接。由点到面,融会贯通,由此及彼,举一反三。

这套丛书力求体现出三个特点:

一是内容的针对性。不拍脑袋,不想当然,不玩概念,一切从语文生活的实际出发。

二是经验的实用性。要把话说到位,揭示语言中隐藏的规律,概括出一目了然的要点,让人看了能懂,懂了会用,而且记忆深刻。

三是解析的学理性。从一字一词入手，又不拘泥于一字一词，巧妙贯串文字学、词汇学、语法学的知识，以使全书具有整体感。

这套丛书特别适合三类读者阅读：

一是媒体从业人员。书中大量病例，也许会让他们有似曾相识的感觉。希望媒体人都能有一双善于咬文嚼字的慧眼。

二是中学教师。书中深入浅出的解说，可以成为中学语文教材的有益补充，直接应用于课堂教学。

三是高校文科学生。一册在手，轻松阅读，有利于完善自己的知识结构，更能训练出文字敏感。

这套丛书在阅读过程中，很可能出现三种情况：

一是如鱼得水，如遇知友，疑问迎刃而解，思路豁然开朗。这正是我们所期待的。

二是不时遇到障碍，感觉枯燥乏味。这时您千万要坚持一下。语言毕竟是门科学，离不开钻研二字，但只要闯过这道关，便会渐入佳境，悟到其中的妙处。

三是脑子中出现了问号，您不一定赞同书中的观点。这是读书的最高境界。我们愿意和您作进一步的讨论。

啰里啰唆，就此打住。让我们开始读吧。

上海咬文嚼字文化传播有限公司

2008 年 3 月 20 日

目录 contents

"不齿"与"不耻"

1. 盗版属于落后和不文明。它不但遭到国际社会的一致谴责，也为国人所不耻，更为法律所不容。

2. 足球比赛中，最让人不耻的是那些热衷于搞小动作的运动员。他们在暗地里使绊、拉人、拖延时间，甚至假摔，以不光彩的手段达至目的。

诊 断

音同义混致误。"不齿"和"不耻"都是古代汉语的遗留用法。"不耻"是"不以……为耻"；"不齿"是"不愿与……同列"，表示鄙夷。错例1和错例2均表示鄙夷，应改为"不齿"。

辨 析

"齿"，本义为牙。引申指排列如齿状的物品，如"锯齿""梳齿"。后引申为并列、同类，如"齿列"。又有说到、提及之义，如"齿及""不足齿数""不足挂齿"。"不齿"就是"不愿与……同列""不愿提及"的意思，一般用来表示鄙夷、瞧不起某人的意思。韩愈《师说》："巫医乐师百工之人，君子不齿。"

"耻"，本义为羞愧、屈辱。"耻"是形容词，在古代汉语中有时被活用为动词，这是形容词的意动用法。"不耻"中的"耻"就保留了意动用法，"不耻"的意思是"不以……为耻"。如"不耻下问"，义为不以向地位比自己低、知识比自己少的人请教为耻；又如韩愈《师说》："巫医乐师百工之人，不耻相师"，意思是不以互相学习为耻。

"不齿"经常与"所"连用,构成"(为)……所不齿"结构,表示被动。如"为人所不齿""为社会所不齿""世人所不齿""舆论所不齿"等。"不齿"后面一般不能直接加宾语,如果要接宾语就必须在宾语前加"于",构成"不齿于……"结构,如"不齿于人""不齿于人类""不齿于师长"等。

"不耻"一般不能单独使用,后面需要带上宾语,构成"不耻……",表示"不以……为耻",如"不耻落后""不耻言利""不耻最后"。

"不齿"有鄙夷的感情色彩,是贬义词;"不耻"是中性词。

链 接

中国古代的三类"不齿刑"

"不齿"在中国古代是刑罚的一种,指不收录、不录用。"不齿刑"的适用对象主要是官吏。官吏是历代王朝进行有效统治的基石,被皇帝及法律赋予多项特权,因此官吏也就容易贪赃滥权,从而激化社会矛盾,甚至侵犯王权,危害皇权的统治秩序,是故对官员的犯罪必须严惩。

"不齿刑"的具体适用刑期主要有以下三类:

第一类是"三年不齿"。如周公"降霍叔于庶人,三年不齿"(《尚书·蔡仲之命》);又如元世祖时期,御史台臣弹劾前南京路总管田大成"以其弟妇赵氏为妻,废绝人伦,敕杖八十,三年不齿。时大成已死,惟市杖赵氏八十"。当然此段史料中对田大成的"不齿刑"已无实质意义,但对其子孙为官则影响甚巨。这是适用"不齿刑"中最轻的一种。

第二类是"终身不齿",即剥夺罪犯终身任官的资格。其表现形式有"不齿终身",如北宋仁宗年间的益州推官桑泽因不孝而"废归田里,不齿终身"。也有"终身勿齿"的表述,如五代十国时期后晋的太仆少卿杨延寿因受赃被"除名配流威州,终身勿齿";唐玄宗亦有诏"自今内外官有犯赃至解免以上,纵逢赦免,并终身勿齿"。还有表述为"没世不齿""没身不齿"的,如"一离刀锯,没世不齿""一离刀锯,没身不齿"等。而"终身不齿"是最常用的表述,案例很多,不赘。至于仅用"不齿"来表述的案例,多为"终身不齿"之意。如,唐太宗"斥宇文化及党人之子孙勿齿",唐高祖李渊在位时"邓晓闻轨败,入贺帝。帝曰:'而委质李轨,以使来,闻其亡,不少戚,乃蹈抃以悦我。不尽心于轨,能竭节于我乎?'遂废不齿"。隋炀帝将怀有二心的杨处乐"废锢不齿"。这是适用"不齿刑"较重的一种刑罚。

第三类是"永世不齿",即剥夺罪吏子孙后代的任官资格。这是适用"不齿刑"最严厉的一种。如南北朝北魏的权臣陆叡联合定州刺史穆秦谋反,被魏高祖处以"听自死别府,免厥孥戮,其门子孙,永世不齿"。"永世不齿"是"不齿刑"适用最重的刑罚,彻底剥夺了罪吏子孙后代为官的资格,多适用于谋反、谋叛等大逆不道案件。

"不刊之论"是赞美

1. 主编看了特约评论员撰写的评论,大发雷霆:"观点不明,语言拖沓,这种不刊之论,须重写!"

2. 他是小镇上有名的业余诗人,一直勤奋笔耕,可惜投寄的稿件大都没有刊登出来。同事们有时取笑他说:"啊,又在写不刊之论哪!"

诊 断

望文生义,误解词义。"不刊之论"是指完全正确的言论,上述例句均误解成不能刊载的言论了。例1可改成"质量低劣的稿件",例2可改为"作品"。

辨 析

正确理解与使用"不刊之论",关键是对其中的"刊"字要有正确的认识。

"刊"是一个形声字,从刀干声,《说文》解释为"剟(duō)也",本义就是砍伐。引申为削除(错字)、修改,即削去竹简上的错误。这和古代的书写材料有关。古人在竹简上写字,发现差错,就用刀削除写错的部分,然后用笔重新写上正确的文字,这就叫"刊"。比如,《晋书·齐王攸传》:"攸以礼自拘,鲜有过事。就人借书必手刊其谬,然后反(通"返",返还)之。"意思是说,齐王司马攸用礼仪严格约束自己,做事很少有过失。他向别人借书阅读,一定亲手修改掉发现的错讹,然后才返还。古代的文字工作者之所以被称作"刀笔吏",就是因为他们的案头常备一把刀子,随时要"刊"去书写差错或修饰文辞。

"不刊",谓不容更动和改变。如南朝梁刘勰《文心雕龙·宗经》:"经也者,恒久之至道,不刊之鸿教也。"引申指不可磨灭。如三国魏曹植《怨歌行》:"周公佐成王,《金縢》功不刊。"意思是,周公旦辅佐年幼的周成王的功业,记载在《金縢》里,不可磨灭。成语"不刊之论",意思是不需要任何改易的言论。如孙犁《万国儒〈欢乐的离别〉小引》:"这可以说是不刊之论,我有同感。"

因此,"不刊""不刊之论""不刊之书"等语词,都含褒义,是用来称赞文章、图书的。误用者大多是将"刊"字理解为"刊登、发表"一类的意思,结果把"不刊之论"当作贬义词使用了。

链 接

说"刊"道"刋"

在现代汉语中,"刊"字表示削除、修改义的用法,依然遗存于一些语词中。比如:校正文字差错就叫"刊正""刊删""刊改""刊削""刊校"等,还有一个成语叫"刊谬补缺"。有些图书中还会附有一张《刊误表》,是更正书中文字差错用的。

在手写的文稿或题字中,容易将"刊"误成"刋"。"刋"字很冷僻,读qiàn,《玉篇·刀部》解释说"切也"。古人很早就注意到了这两个形近字的区别。元代《韵会》就提醒说:"'刊'从干戈之干;'刋'从千,与'刊'异。"

"不可理喻"并非"不可思议"

1. 陈浩不可理喻地摇摇头,又好气又好笑,女人常为了漂亮穷折腾。

2. 黄特派员不等父亲开口就说:"祝贺你,麦其土司,你已经成为所有土司中真正拥有一支现代军队的人了。你将是不可战胜的。"父亲觉得这话有点不可理喻,就问母亲:"以前,你见到过这样子训练军队吗?"

诊 断

混淆词语。"不可理喻"是说一个人不讲道理。上述两例都把它当作"不可思议、无法理解"一类的意思来用了。其中的"不可理喻",均应改为"不可思议"一类的词语。

辨 析

说一个人"不可理喻",就是说他很蛮横或固执,无法跟他讲道理。这里的"理",本指道理,在成语里作状语,义为"用道理";"喻",知晓、明白,在成语里是使动用法,即使之理解,使之明白。"理喻",义为用道理来解说,使对方明白。比如,巴金《家》八:"他们简直不可理喻,一定要进去,终于被我们的人赶出来了。"王西彦《一个小人物的愤怒》:"她的日益变成暴躁、偏狭,有时竟至横蛮不可理喻,过错完全由他铸成。"

"不可理喻"多用于愚钝不化之辈或蛮横霸道之徒,因为对这帮子人无理可讲。俗话说:"秀才遇到兵,有理讲不清。"其中的"兵",在"秀才"眼里就是不可理喻的。"不可理喻"的近义词是"固执己见""顽固不化",反义词是"通情达理"。

把"不可理喻"当作"匪夷所思"来用,是媒体文字中的一个高频差错。比如,"行为艺术也似乎因此走进了这样的怪圈:常人眼中的怪诞不可理喻,疯疯癫癫;艺术家眼中的高雅深刻。"(荆楚网,2010–03–19)误用"不可理喻"的原因,恐怕是把"理喻"当成"理解"了。

链接

形容蛮横、固执的几个词语

冥顽不化　顽固愚昧。孙中山《民权主义》第一讲:"惜乎尚有冥顽不化之人,此亦实在无可何如!"

一意孤行　不听劝告,固执地照自己的意思行事。茅盾《子夜》十:"说不定他一片好心劝杜竹斋抑制着吴荪甫的一意孤行那番话,杜竹斋竟也已经告诉了荪甫!"

刚愎自用　倔强固执,自以为是,对阻止、劝告或建议不耐烦。郭沫若《甲申三百年祭》:"李自成不是刚愎自用的人,他对于明室的待遇也非常宽大。"

固执己见　顽固地坚持自己的意见。《宋史·陈宓传》:"固执己见,动失人心。"也作"固执成见"。茅盾《子夜》九:"如果荪甫一定要固执成见,那就拉倒。"

不由分说　不容分辩。《红楼梦》第七十七回:"那几个妇人,不由分说,拉着司棋,便出去了。"

"不日"的时间基点

1. 去年刚来公司实习时,刘晓凤还不太熟悉编辑流程,但她虚心学习,不日就进入了编辑角色。

2. 上周,审读专家对他的书稿提出了几条修改意见。他从善如流,不日就将书稿中解放军攻打永安县城的那部分作了细致的订正。

时间基点混乱。"不日",义为"要不了几天、几天之内",它要求时间基点是现在(说话之时),后头所接动词表示的动作指向未来。凡是已经出现、已经完成的事情,都不能用"不日"。上述两列既然是明确回忆"去年""上周"的事,就不宜用"不日",均可改成"不久"。

不管是从过去说到现在,还是从现在说到将来,有一条规则要遵守,就是在一段话语中所用的时间基点要一致。不能一会儿以现在为基点,一会儿又以过去或将来为基点。

"不日"本是一个短语,意思就是没过去多少日子。语出《诗·大雅·灵台》:"经始灵台,经之营之,庶民攻之,不日成之。"孔颖达疏:"谓不设时日已成功,言民心乐为之也。"后来才凝固成一个词,作副词用,义为过不了几天(侧重表示具体日期不确定),如"大厦不日竣工""不日将赴京报到"。"竣工""赴京"的动作,都是以说话时为时间基点,指向未来。钱锺书《围城》:"也许因为不日到香港,先得把身心收拾整洁。"其中的"到香港",也是指向未来的行动。

"不久"是一个形容词,指距离某个时期或某件事情时间不远。如"水库不久就能完工","我们插完秧不久,就下了一场雨"。与"不日"相比,"不久"没有时间基点的限制。

链 接

一道浙江语文高考题(2007 年)

依次填入下列横线处的词语,最恰当的一组是(　　　)。

① 面对"两会"代表、委员的依法_____,有的官员虽然还不能圆满答复,但都表现出虚心接受、认真反思的态度。

② 在 5 月 4 日结束的第三届中国国际动漫节上,杭州市有关部门与中国动画学会签订了合作_____,准备共同培养动漫人才,开发动漫资源。

③ 距离同济大学校庆还有 5 天,世界各地的校友_____将启程,前往上海参加庆典,共贺母校百年华诞。

A. 质对　协议　不日

B. 质对　协约　翌日

C. 质询　协约　翌日

D. 质询　协议　不日

答案:D。①选"质询",即质疑询问。②选"协议"。"协约"是协商订立条约,词义较重;"协议"指"共同计议、协商"或"经过谈判、协商而制定的共同承认、共同遵守的文件"。③应选"不日"。"不日"是几天之间、近几天的意思;而"翌日"是指第二天,世界各地的校友不会是第二天同时出发。

"惨淡经营"并不惨

1. 因为质次价高，服务差，产品的市场占有率每况愈下，公司一直处于惨淡经营的状态。

2. 这家公司在亚洲地区的连锁店业绩一直不错，仍呈上升趋势，但它在欧美却一直惨淡经营。两个月来，在该地区的连锁店已亏损 3 亿英镑。

望文生义，误解词义。"惨淡经营"的"惨淡"，说的是经营者的一种苦心谋划、努力进取的精神状态，而不是说店铺的"经营"业绩差、生意清淡。上述两例均可改为"不景气"。

先说"惨淡"。"惨淡"这个词，自古就有三种用法。一是表示光线不明，如"天色惨淡"。二是表示暗淡、悲惨凄凉，如鲁迅的《记念刘和珍君》："真的猛士，敢于直面惨淡的人生，敢于正视淋漓的鲜血。"三是表示尽心思虑、苦费心力，如唐杜甫《送从弟亚赴河西判官》："踊跃常人情，惨澹（淡）苦士志。"又如巴金《家》二二："仅仅在一刹那间，就可以毁坏她十几年来苦心惨淡地造成的一切。"

推想一下，恐怕正是因为一般人对"惨淡"的第三个义项比较陌生，才导致误用"惨淡经营"一词的吧。

"惨淡经营"，本谓绘画六法之一，指作画时先用浅淡的颜色勾勒轮廓,苦心构思,精心布局。其中的"惨淡",指清淡的笔墨。后词义引申,逐渐不再局限于指称丹青绘画,但凡习文、办事、经商等的用心运思、苦心运筹,都可说"惨淡经营"。"惨淡经营"的"惨淡",义为苦思极虑貌;"经营",规划安排。成语的意思就是,煞费心思,着意布置、谋划和管理某项事业。比如,清代叶燮《原诗·外篇》说:"杜甫七言长篇,变化神妙,极惨淡经营之奇。"曹禺《北京人》第一幕:"这房子是先人的产业,一草一木都是祖上敬德公惨淡经营留下来的心血。"

可见,若用"惨淡经营"一词,要先搞清其含义,不可一见"惨""淡"二字,就往萧条、败落、走下坡路这类意思上去想。

链 接

"惨淡经营"的出典

曹霸是盛唐著名的画马大师,他经常应诏画御马及功臣。杜甫和他在成都相识。"惨淡经营"语出杜甫的诗《丹青引赠曹将军霸》:"诏谓将军拂绢素,意匠惨澹(淡)经营中。斯须九重真龙出,一洗万古凡马空。"这几句诗赞美了朋友曹霸画技的神妙。大意是说,皇帝命你将御马的英姿绘上素绢,画前你先酝酿构思,突然灵感奔涌,你落笔挥洒,一气呵成。霎时间,只见一匹神骏好像从宫门腾空跃出的飞龙,一切凡马相形失色,一齐逃遁消失。

"差强人意"尚满意

1. 由于服务技能差强人意,少数单位不仅给人民的生活带来了诸多不便,而且损害了职能部门在公众中的形象。

2. 昨天,有关部门正式公布了碰撞评价结果。参与测试的六种车型的表现差强人意,三家自主品牌车商得分垫底,无一得到三星级以上的安全性能评价。

诊 断

误解词义。上述例句的作者显然都是把"差强人意"理解为水平、能力差,表现不能使人满意的意思了。均可改为"较差""比较差"。

辨 析

"差强人意"典出《后汉书·吴汉传》:有一次,光武帝带领部队出征,与敌军遭遇。诸将见己方处于不利的地位,而敌方部队士气昂扬,于是不少人都显得惶恐不安,失去平常的风度。只有大司马吴汉将军意气自若,"整厉器械,激扬士吏"。这时,光武帝派人去看看吴汉正在干嘛,回报说"方修战攻之具"。光武帝于是慨叹说:"吴公差强人意,隐若一敌国矣。"此处的"差"念chā,义为很、甚;"强"念qiáng,义为振奋。光武帝的意思是说,大司马吴汉的表现很能振奋人的意志,仿佛己方的实力是和对方相等的。张相《诗词曲语辞汇释》说:"然则'差强人意'云者,乃甚强人意之谓,非稍强人意之谓也,玩'隐若敌国'语意可知。"与"差强人意"这一原典义相近的语词,还有"甚强人意""殊强人意""差慰人意""差可人意""差快人意"等,意思都是很能使人的心情感到安适。

后来,因为"差"(chā)字有比较、略微的意思(如勉强可以叫"差可",比较大一些叫"差大"),在语用实践中,成语"差强人意"也发展出了新的含义,即尚能使人满意。如《二十年目睹之怪现状》第七十六回:"我得了这一封信,似乎还差强人意,谁知偏偏把他(它)丢了,你说可恨不可恨呢!"有时写作"粗强人意"。到了现代汉语里,这一后起新义一枝独秀,把它的原典义给掩盖掉了。比如,李大钊《新纪元》:"欧洲几个先觉,在那里大声疾呼,要求人民的平和……要欧洲联邦,做世界联邦的基础。这都是差强人意的消息。"

有人将"差强人意"理解成"使人感到差劲",恐怕是因为他们误把其中的"差"字理解为"不好""差劲"了。

"差强人意"还有一种常见的误用,即把它曲解为强人所难的意思。如1993年全国语文高考中一道辨析成语使用的题目:"我本来就对那里的情况不熟悉,你却硬要派我去,这不是差强人意吗?"

链接

考 考 你

"差"字的含义很丰富。下列两例中的"差"字,你能准确地解释吗?

①葛洪《西京杂记》:"(画工)同日弃市(被处以死刑),京师画工于是差稀。"

② 张彦远《历代名画记》卷一:"画人最难,次山水狗马,其台阁、一定器具,差易为也。"

例①说的是王昭君的故事,"差稀"是说很稀少、颇稀少。例②,"差易"即很容易,与上文"最难"对举。全句的大意是说,画人是最困难的,其次是画山水狗马,而台阁、具体的器具,则是最容易画的。两例中的"差",都作副词用。

多余之物叫"长物"

错例

1. 他谦虚地说:"我既不擅长唱歌,也不喜欢运动;除了画画,就别无长物了。"

2. 也许有人认为聂卫平除了围棋之外别无长物,其实,他的桥牌也是打得不错的。

诊断

误解词义。上述例子都把"长物"误解为长处、特长来使用了。可改为"特长"。

辨析

掌握好"长物"一词的关键,是对其中"长"字的理解。"长"在古汉语中有一个常见的用法:表示多。这一意义的"长",旧读 zhàng,今读 cháng。比如,《孟子·告子下》:"交(曹交)闻文王十尺,汤九尺,今交九尺四寸以长,食粟而已,如何则可?"大意是说:我曹交听说文王身长十尺,汤身长九尺,而我有九尺四寸多高,却只知道吃饭罢了,怎样才可以(成为尧、舜)呢?"长"也可表示多余。如唐高彦休《唐阙史·杨尚书补史》:"有夕道(取道)于丛林间者,聆群跖评窃贿之数(窃取的财物的数量),且曰:'人六匹则长五匹,人七匹则短八匹。'不知几人复几匹?"

"长物"就是多余的物品。《聊斋志异·于去恶》:"陶疑之,搜其囊箧,则笔研(砚)之外更无长物。"茅盾《归途杂拾·韩江船》:"这些逃难人虽则身无长物,因为一到惠阳就逢到数十年来从未有过的冷,不能不临时买了棉被,这一下,舱里的地位便不经济了。"

有一个成语叫"无长物",亦作"身无长物""别无长物""更无长物""一无长物",形容生活简率,或家境清贫。如白居易《销暑》诗:"眼前无长物,窗下有清风。"《老残游记续集遗稿》第五回:"德夫人走到他屋里看看,原来不过一张炕,一个书桌,一架书而已,别无长物。"

链 接

"长物"的出典

"长物"一语,出自南朝宋刘义庆《世说新语·德行》:"王恭从会稽还,王大(王忱)看之,见其坐六尺簟(竹席),因语恭:'卿东来,故应有此物,可以一领及我。'恭无言。大去后,即举所坐者送之。既无余席,便坐荐(草垫子)上。后大闻之,甚惊,曰:'吾本谓卿多,故求耳。'对曰:'丈人不悉恭,恭作人无长物。'"后以"无长物"形容极其贫穷或俭朴的生活。

"沉湎""沉醉"大不同

错例

1. 除夕之夜，一家人都沉湎在节日的喜悦之中。

2. 崇明岛国家森林公园草长莺飞，空气宜人。来此度假的公司员工无不沉湎在海岛的美丽之中。

诊断

感情色彩不对头。"沉湎"是一个贬义词；而上述例句所说的沉浸在"节日的喜悦"和"海岛的美丽"之中，都是美好的事儿，并无可贬之处。均该改为"沉醉"。

辨析

"沉湎"与"沉醉"都有一个"沉"字，都是形容词，可表示程度深，但它们的感情色彩不一样，区别在于后一个语素的差异。

"湎"，《说文》解释说是"沉于酒也"，即沉迷于酒。古人对饮酒很有讲究，要求有礼仪，有节制，过度饮酒则会伤德败性。"湎"就是一种被告诫的饮酒行为。《书·酒诰》："罔敢湎于酒。"由此引申为抽象的沉溺。"沉湎"也是说沉溺，指由于意识的原因深深陷入不良境地而无法自拔，多指不良生活习惯、不良爱好等方面的事情，如"沉湎于酒色之中""沉湎于打麻将、玩电子游戏"。

"醉"是一个会意字，从酉（yǒu）、从卒。"酉"表示酒，"卒"表示终结。酒喝到不能再喝的时候，多是醉了。《说文》的解释

17

是:"卒也。卒其度量,不至于乱也。""醉"的本义即饮酒适量。如《诗经·周颂·执竞》:"既醉既饱,福禄来反。"郑玄笺:"君臣醉饱,礼无违者,以重得福禄也。"引申指饮酒过量、神志不清。《正韵》:"为酒所酣曰醉。""沉醉"本指大醉,如《儒林外史》第一回:"浊酒三杯沉醉去,水流花谢知何处?"引申指沉浸在某事物或某境界中,是一种快意的精神状态,多指沉浸在欢乐、幸福之中。

链接

夏商周与酒

　　过度饮酒,有很多危害。在中国历史上,夏禹可能是最早提出禁酒的帝王。《战国策·魏策二》:"帝女令仪狄作酒而美,进之禹,禹饮而甘之,遂疏仪狄而绝旨酒。曰:'后世必有以酒亡其国者。'"这里的"绝旨酒",即不再饮美酒。

　　实践证明,夏禹的预见是正确的。夏、商的两代末君,都是因为酒而引来杀身之祸的。从史料记载及出土的大量酒器来看,夏、商两代统治者饮酒的风气十分盛行。汉刘向《新序·刺奢》说,夏桀"作瑶台,罢(通"疲")民力,殚民财,为酒池糟堤,纵靡靡之乐,一鼓而牛饮者三千人"。夏桀最后被商汤放逐。商代贵族的饮酒风气并未收敛,反而越演越烈。出土的酒器数量多,种类繁,堪称世界之最。据说,商纣饮酒七天七夜不歇,酒糟堆成小山丘,酒池里可运舟。有研究认为,商代的贵族们因长期用含有锡的青铜器饮酒,造成慢性中毒,致使战斗力下降。商代的灭亡与酗酒成风有关。

　　西周统治者在推翻商代的统治之后,发布了我国最早的禁酒令《酒诰》。其中说：不要经常饮酒，只有祭祀时，才能饮酒。酒是大乱、丧德、亡国的根源。对于那些聚众饮酒的人，要抓起来杀掉。在这种情况下，西周初中期，酗酒的风气才有所收敛。这一点，可从出土的器物中酒器所占的比重大量减少得到证明。

"出生"与"出身"

错 例

1. 在谈到他的经营之道时,这位俄罗斯移民家庭出生的董事长说,在今天这个竞争异常激烈的时代,任何公司都不能固步自封,而是要根据各种情况变化不断创新和调整。

2. 毕利于1922年出身在纽约州的埃廉市,是那儿一位理发师的独子。

诊 断

音近义混致误。"出生"与人的自然属性有关,"出身"与人的社会属性、个人经历有关。错例1指家庭背景,应改为"出身";错例2指自然属性,应改为"出生"。

辨 析

"生",本义是生长,引申为生命。"出生"指胎儿从母体中分离出来,侧重于人的自然属性,与生命的起始有关。只作动词使用。如:"爷爷1940年出生于北京。"

"身",本义指身躯,引申为自己、本身、身份。"出身"侧重于人的社会属性,是人某种社会身份的起始点。"出身"作动词使用时,指个人早期的经历或家庭经济情况属于某阶层,如"出身于工人家庭""出身于大都市""出身于偏僻乡村";作名词使用时,指个人早期的经历或由家庭经济情况所决定的身份,如"富二代出身""农民出身""商人出身"等。

"出生"可以和表示时间的词语、表示地点的词语共现,如:

"柴门霍夫出生于 1859 年 12 月 15 日","他出生于北京"。而"出身"不能这样搭配。"出身"多和表示家庭背景、个人经历以及社会身份的词搭配,如"干部家庭出身""军人出身""机关出身""翰林出身""黄埔出身"等。

链接

清代选官的正途与异途

清代职官铨选,以正途、异途(亦称杂途)划分出身资格,分别班次,确定升迁方位与具体职缺,自顺治开始,贯穿清代十朝。

光绪朝修纂的《钦定大清会典》曾如此阐述出身与任官的关系:"分出身之途以正仕籍。凡官之出身有八,一曰进士,二曰举人,三曰贡生,四曰荫生,五曰监生,六曰生员,七曰官学生,八曰吏。无出身者,满洲、蒙古、汉军曰闲散,汉曰俊秀。各辨其正杂以分职。其以医、祝、僧、道出身者,各授以其官而不相越。"所述八种出身,一至七项分别来源于科举、学校及高官或因公殉职者的子弟,惟有第八项全无学习经历与其他家庭背景资历。

《清史稿》与《钦定大清会典》相比,正途与异途的范围已有清晰规定:"凡满汉入仕,有科甲、贡生、监生、荫生、议叙、杂流、捐纳、官学生、俊秀。定制由科甲及恩、拔、副、岁、优贡生、荫生出身者为正途,余为异途。"值得注意的是,它同时指出了两途转换的方式及异途为官的限制:"异途经保举,亦同则正途,但不得考选科、道。非科举正途,不为翰、詹及吏、礼两部官。惟旗员不拘此例。"在清代职官中,科道、翰詹与六部中的吏、礼两部官员,或因职司风宪吏治,或因撰文讲经论礼,需要人品正直、文字能力较强的科甲出身者担任,不难理解。惟旗员可例外,则所谓正途与异途,显然是针对汉人所定之规则。"旗员不拘此例",确有对满蒙特权维护之意义。

清代以正途、异途分辨出身,是由清代职官入仕渠道的多样化所决定的。人们耳熟能详的科举取士只是选官途径之一,且举人需经"大挑"、进士须"朝考"方可授职。选官途径之二,是那些由国学(国子监)与各级官学(府州县学、八旗官学、景山官学等)肄业的学生,他们通常须经考职而入仕为官。选官途径之三是一个为数不多的特殊群体,他们被称为荫生。恩荫指祖、父辈有较高官阶的子弟,难荫则是因公殉职、为国捐躯官员的子孙。选官途径之四是保举。这一途径的被保与被举者均不受出身限制,却与保举人的官阶及其是否被皇帝信用或重用密切相关。选官途径之五是捐纳。尽管历代清帝对捐纳均有控制,但每逢灾荒、战事、河工或海防修筑等急需筹款济难时又会放开,尔后在官绅、御史们的口诛笔伐下有所收束,始终为铨选渠道之一。

一言以蔽之,清代铨选注重以出身分途,是选官渠道多轨并行的结果。

该"刮目"时勿"侧目"

1. 弹指一挥间,中国成了一匹拥有强大综合国力的黑马,国际地位变得举足轻重,令人侧目而视。

2. 父亲多才多艺,赢得很多赞誉,特别是对外国文学和影视文学的偏爱,足以令专业人士侧目。

诊 断

误解词义。"侧目""侧目而视"均形容畏惧或愤恨的神态,用错了地方。错例1中的"侧目而视"可改用"刮目",错例2中的"侧目"可改用"刮目""竖大拇指"一类的说法。

辨 析

"侧目"一词出自《战国策·秦策一》:"将说楚王,路过洛阳。父母闻之,清宫除道,张乐设饮,郊迎三十里。妻侧目而视,倾耳而听。嫂蛇行匍伏,四拜自跪谢。"是说苏秦合纵说赵成功,挂了相印回到家乡。从前对他不理不睬的家人态度大变,妻子甚至不敢正眼看他。此处的"侧目"义为因畏惧而不敢正视。《汉书·刘向传》:"时恭显(宦官弘恭、石显的并称)、许史(外戚许伯和史高的并称)子弟,侍中诸曹,皆侧目于望之等。"是说萧望之等人忠正无私,忤于贵戚。贵戚们愤恨不已,见面时就斜着眼睛看他。此处的"侧目"形容愤恨的神态。后来"侧目"一词逐渐混合了"畏惧"和"愤恨"两个意思。例如:"有的领导干部下基层挂职、任职,缺乏甘当小学生的态度,甚至颐指气使,使基层同志侧目而视,不肯倾吐知心话。"《现代汉语词典》"侧目"条的解释是:"不敢从正面看,斜着眼睛看,形容畏惧而又愤恨。"

"刮目",指用全新的眼光看待事物。语出《三国志》:"肃拊蒙背曰:'吾谓大弟但有武略耳,至于今者,学识英博,非复吴下阿蒙。'蒙曰:'士别三日,即更刮目相待。'"

此看非彼看,该"刮目"时勿"侧目"。要之,怨恨不满用"侧目",赞叹喜爱用"刮目"。

链 接

"青眼"与"白眼"

成语"青眼白眼",形容用不同的眼光看待自己好恶的人。典出《晋书·阮籍传》:"籍又能为青白眼。见礼俗之士,以白眼对之。及嵇喜来吊,籍作白眼,喜不怿而退。喜弟康闻之,乃赍酒挟琴造焉,籍大悦,乃见青眼。"阮籍母亲亡故后,素来看不顺眼的嵇喜来吊唁时,阮籍给了一个白眼;好友嵇康(嵇喜之弟)来慰问时,阮籍则给了一个青眼。白眼,即眼珠向上翻出或向旁边转出眼白部分,常被用以表示轻视或憎恶;青眼,眼睛正视,黑色的眼珠在眼眶中间,表示对人的喜爱或器重。

"篡改"与"窜改"

1. 对原文的忠实,这是翻译工作的基本原则之一。但是,有的书对原文任意删节和篡改。

2.《中国时报》的特稿表示,《台湾论》不仅明目张胆窜改"慰安妇"被强迫的事实,甚至恶意污辱"慰安妇"的人格,于情于理难容。

诊 断

混淆了近义词。"篡改"和"窜改",都有改动的意思,但涉及的对象不同。前者是抽象的,指用作伪的手段改动或曲解经典、理论、政策、关键信息等;后者是具体的,指改动成语、文件、古书等的文字,没有作伪的目的。错例 1 是文字上的改动,该用"窜改";错例 2 是故意歪曲历史,该用"篡改"。

辨 析

"篡",读作 cuàn,形声字,从厶,算声。从厶,奸谋也。《尔雅·释诂》:"篡,取也。"《洪武正韵》:"逆而夺取曰篡。""篡",本义是夺取。如《汉书·卫青传》:"大长公主执囚青,欲杀之,其友骑郎公孙敖与壮士往篡之。"也可特指臣子夺取君位。如《汉书·王莽传赞》:"故得肆其奸慝,以成篡盗之祸。"今谓以非法的或不正当的手段夺取权位。

"窜",繁体写作"竄"。"竄",会意字,从鼠、从穴,本义指老鼠在洞穴里。《说文》解释说:"匿也,逃也。"表示隐匿、逃窜等义。简化为"窜",形声字,从穴、串声。《康熙字典》注释说,"窜"有"易改"义,如韩愈诗《答张彻》:"渍墨窜旧史,磨丹注前经。"

"篡改"和"窜改",都表示对某些既成的东西做改动,也都含有贬义。但两者的使用对象、词义轻重有所不同。"窜改"的对象一般是文字、词语、文件、古籍、账目等,多是具体的书面材料里的字句;词义较轻。"篡改"多指精神实质、关键信息方面的改动,对象一般是历史、经典著作、理论、学说、政策、指示、核心数据等;词义较重。搞清楚改动的对象,就不会混淆这两个词了。

链接

"窜改"色彩谈

宗守云

"窜改",就是对成语、文件、古书等进行改动,其中"窜"意思是"改动","改"意思也是"改动",二者同义连文,组合在一起仍然是"改动"。例如:

(1)穗子真给她气疯了,居然她敢拿如此愚昧无知没有道理的词来窜改她的歌。(严歌苓《穗子物语》)

(2)当然,在胡宗宪平反后,其孙要到督署借用刻板重印,也不是不可能,但要窜改增删,恐非易事。(汪向荣《〈筹海图编〉的版本和作者》)

例(1)(2)"窜改"都是"改动"之意。但在感情色彩上,例(1)"窜改"含有贬义,例(2)则是中性的。

一般认为,"窜改"在感情色彩上多用于贬义,但也有中性用法,这比较符合一般人的语感和认识。"窜改"的确多用于贬义。

首先,从词义本身看,"改动"意味着违背原有的文本内容,从常规认知来看,遵守原有文本内容,是正常的,而违背原有文本内容,是反常的,这样,词义中就会隐含有违背、反常等贬义色彩。其次,从历史看,"窜改"最早的用例就是带有贬义的。"窜改"最早出自《新唐书·奸臣传上·许敬宗》:"及敬宗身为国史,窜改不平,专出己私"。这里"窜改"是贬义用法。再次,从现状看,"窜改"在语料中多用作贬义,很少用作中性。但语料中也确实存在着像例(2)那样的中性色彩的用法。那么问题就来了,"窜改"的贬义用法,到底是不是"窜改"的色彩义? 如果是,为什么有中性用法? 如果不是,为什么多数都有贬义用法?

其实,贬义只是"窜改"的隐含色彩义,不是规约色彩义。

根据语用学原理,语言的意义有隐含义和规约义之分。所谓隐含义,是指一般情况下有这样的意义,但特殊情况下可以取消。比如,"老刘有三条狗"隐含着"老刘只有三条狗"的意思,"老刘只有三条狗"是隐含义,一般情况下就是如此,因此可以追加,"老刘有三条狗,老刘只有三条狗";但特殊情况下可以取消,比如说,如果有三条狗,就可以成为养狗达人,我不知道老刘有没有三条狗,不知道老刘能不能成为养狗达人,别人告诉我:"老刘有三条狗,其实何止三条,他有四条呢",这样,原来"老刘只有三条狗"的隐含义就被取消了。"窜改"也是如此,一般情况下是贬义的,可以追加贬义性语句,如"他窜改了原文,这是卑鄙无耻的行为";特殊情况下是中性的,贬义用法可以取消,如"他窜改了原文,这是可以理解的行为"。所谓规约义,是指已经约定俗成的意义,可以进入词典或语言系统,不需要依靠语境来确定意义。比如"老刘有三条狗"中,"老刘确实有三条狗"就是规约义,是语言中约定俗成的意义。"窜改"的贬义用法只是隐含义,不是规约义,因此一般不收录到词典中。《汉语大词典》的解释是"改易、改动",《现代汉语词典》的解释是"改动(成语、文件、古书等)",都没有体现其贬义色彩。

语言发展中经常有这样的现象,隐含义在发展中逐渐规约化,从而成为规约义进入语言系统。比如副词"还"有两个用法:一是持续意义,如"他还在玩游戏";一是反预期意义,如"他还研究生呢,连这么简单的问题都不会"。"还"的反预期意义是从持续意义发展来的,是隐含义规约化的结果:如果一个事件有始有终,是正常的;如果一个事件一直在持续进行,是反常的,意外的。因此当说话人用"还"表达持续意义时,就隐含着意外的意义,但这个隐含的意外意义是可以取消的。当在一定的条件下"还"的反预期意义不能取消时,"还"的隐含义规约化,就成为规约义,反预期意义就成为规约义而进入语言系统。"窜改"的贬义用法目前还只是隐含义,没有规约化为规约义,因此还不是语言系统的意义,不能进入词典。

(本文原刊《语言文字周报》1821 号)

"处子"的性别

1. 尊重是相对的。你如果想要别人对你如何如何,你就得先如何如何,你想要你老婆是处女,你就得先保持自己的处子身。

2. 沈从文虽为人师,毕竟尚是处子,没过多久,他就看上了班里十八岁的少女张兆和。

诊 断

误解词义。作者大概以为没有发生过性行为的女子称"处女",那么没有发生过性行为的男子就该称"处子"了,这恰恰犯了想当然的毛病。殊不知,"处子"即"处女",两个词指的都是女性。

辨 析

"处子"始见于《庄子·逍遥游》:"藐姑射之山,有神人居焉。肌肤若冰雪,绰约若处子。"唐代训诂学家成玄英解释说:"处子,未嫁女也。"陆德明《经典释文》也说:"处子,在室女也。"可见,"处子"义为深居闺中待嫁之处女,"处"是动词性语素,读chǔ。"处子"的这一本义,自古及今,沿用不衰。比如,清李渔《怜香伴·冤褵》:"我范介夫,在学中做秀才,就如在闺中做处子,兢兢业业,砥砺廉隅。"吴玉章《从甲午战争前后到辛亥革命前后的回忆》十三:"这位貌若处子的书生,手无缚鸡之力。"有一条常见的成语"静若处子,动若脱兔",其中的"处子",强调的就是其端庄静美这一义素。

"处子"在古代还可以指有才德而隐居不仕的人,相当于

"处士",如汉王符《潜夫论·交际》:"恭谦以为不肖,抗扬以为不德,此处子之羁薄,贫贱之苦酷也。"又如,西晋束皙的《补亡诗》:"堂堂处子,无营无欲。"

可见,尚未发生过性行为的少男,是不能称作"处子"的。

链 接

"处子"新动态

"处女"可以作为属性词,比喻"第一次的",如"处女航""处女作"等。这种用法多了,至今已觉不新鲜。在当代媒体上,取而代之的是"处子",近十多年来悄然增加了新的用法——比喻"初次""首次"。例如:

① 小贝多伦多上演大联盟处子秀　球票销售出现高潮(网易,2007-02-08)

② 虽然本场比赛将是科特迪瓦球员的世界杯处子战,但主教练亨利·米歇尔却可以算得上是世界杯经验最丰富的教练之一。(新浪体育,2007-09-21)

③ 张德培现《网球王子2》发布会　和好男儿演处子片(体坛网,2009-05-14)

其一,从句法结构来看,"处子秀""处子战""处子片"等,都是模仿"处女作""处女航"的,是偏正结构。其二,多出现在有关体育和娱乐的新闻报道中。这些报道尤其是其标题间或使用文言、书面词语,善于旧词翻新。"处子"取代"处女",恐怕和回避"女"字有关。因为这些众多的"首次"赛事和其他活动,主角以男子居多,比如上述三个例子,说的就都是男子的活动,所以用"处子"而不用"处女",使其性别特征可以不再一下子凸显出来。

"大方之家"无关慷慨

错例

1. 他在广东做地产生意发了财,这次回老家探亲,一下子拿出100多万元帮助乡亲们修路,真是大方之家。

2. 大家都做大方之家,则大家都有机会得到那份来自同类的温暖。慷慨之举具有一种"感染"的功能,它能让人集体成为慷慨之人。

诊断

误解词义。上述例句误将"大方之家"当作"慷慨之人"来用了。均可改为"慷慨之人"。

辨析

"大方(fāng)之家",本指见多识广、明晓大道的人,后泛指内行人、专家学者。语出《庄子·秋水》。管理黄河的神叫"河伯",管理北海的神叫"海若"。庄子以河伯和海若对话的形式,讨论了价值判断无穷相对性的问题。有一年的秋天,连着下雨,小河的水向大河里汇聚,大河的水向黄河里汇聚,结果黄河的水势非常之盛大,河面宽阔,水雾蒸腾。河伯见到河水气势如此宏大壮美,踌躇满志,说:"黄河是如此之长,如此之宽。天下美景还有能超过我黄河的吗?"于是他得意洋洋地顺流而下,见到了无边无际的北海。这时他才叹息着对海若说:"今我睹子之难穷也,吾非至于子之门则殆矣,吾长见笑于大方之家。"大意是说:我现在才算见到了大世面,如果我不走到你大海的面前,我就危险了，就要长久地见笑于明白大道理的人了。

可见，"大方之家"的本义就是指有大智慧、大思维的人。两千多年的汉语实践，都是这么使用的。比如宋欧阳修《送方希则序》："是以君子轻去就、随卷舒，富贵不可诱，故其气浩然，勇过乎贲、育，毁誉不以屑，其量恬然不见于喜愠。能及是者，达人之节而大方之家乎？"

与此相关的一个成语叫"贻笑大方"，意思就是被行家讥笑。"贻笑"，留下笑柄；"大方"，指大方之家，即见多识广或学有专长的人。

链 接

两 个 "大 方"

汉语中有两个"大方"："大方（fāng）"和"大方（fang）"。后一个读轻声。读音不一样，意义也不同。

"大方（fāng）"，本谓方正之极。《老子》："大方无隅，大器晚成，大音希声。"引申指大道、常道。《庄子·山木》："不知义之所适，不知礼之所将；猖狂妄行，乃蹈乎大方。"再引申指领悟了大道、常道的人。清代王士禛《池北偶谈·谈艺二·闺秀画》："三百年中，大方名笔，可与颉颃者不过二三而已。"因此，"大方之家"可以代替"大方（fāng）"。

"大方（fang）"的意义则比较丰富：一是指对于财物不计较、不吝惜，如"出手大方"；二是指言谈举止自然、不拘束，如"落落大方"；三是指样子、颜色等不俗气，如"陈设大方"。显然，"大方之家"不等于"大方（fang）"。

"箪食瓢饮"不是"箪食壶浆"

1. 淮海战役的时候,子弟兵在前线奋勇杀敌,乡亲们家家户户箪食瓢饮,积极慰问战士们。

2. 拿破仑被废黜以后,拘禁在厄尔巴岛。他不甘寂寞,1815年3月1日登陆,20日重返巴黎。他只带了千名士兵,所到之处,受到农民们箪食瓢饮的欢迎。

误解词义。错例中的"箪食瓢饮",均应改成"箪食壶浆",因为"箪食瓢饮"是描绘清贫生活的,不合语境。

"箪食瓢饮"与"箪食壶浆"出处不同,意义亦大相径庭。

"箪食壶浆"的出典是《孟子·梁惠王下》:"以万乘(shèng,古代称四匹马拉的车一辆为一乘)之国伐万乘之国,箪食壶浆,以迎王师,岂有他哉!避水火也。""箪",盛饭的圆形竹器;"浆",米汁。燕君虐待其民,齐宣王率军前去讨伐,燕国百姓以为齐国是要将自己从水火之中拯救出来,便争先恐后地用"竹器装着饭食,壶罐盛着汤",去犒劳齐宣王的军队。后来,史书或小说中形容民众对军队热爱和拥戴的,也多用"箪食壶浆"一语。如《三国志·蜀志·诸葛亮传》:"天下有变,则命一上将将荆州之军以向宛洛,将军身率益州之众出于秦川,百姓孰敢不箪食壶浆以迎将军者乎?"

"箪食瓢饮",意思就是用箪盛饭吃,用瓢舀水喝。旧指安贫乐道,也指生活贫苦。语本《论语·雍也》:"子曰:'贤哉回(颜渊字回)也!一箪食,一瓢饮,在陋巷。人不堪其忧,回也不改其乐。贤哉回也!'"显然,"箪食瓢饮"即"一箪食,一瓢饮"的缩略,是描写孔子弟子颜渊的清苦生活的——每天(或一餐)只吃一圆盒饭,喝一瓢勺汤。后用"箪食瓢饮"形容清苦的生活。

链接

"箪食"的"食"不妨读 shí

《辞源》《辞海》《现代汉语词典》对"食"作注,均列二音三义:当它作"吃"和"食物"解时,读 shí;当它通"饲",即作"给人吃"解时,读 sì。由此不难悟到,依这些辞书确定的音义,当"食"读 shí 时,可能是动词,也可能是名词;当它读 sì 时,则可以肯定它只能是动词。"箪食壶浆""箪食瓢饮"中的"食"显然是名词,照道理,应读 shí。《现汉》"箪食壶浆"条就是这样注音的:dān shí hú jiāng。

然而,《新编成语多用词典》"箪食瓢饮"条又是这样注音的:dān sì-piáo yǐn。《辞海》对这两个词条中的"食"都注音 sì。当然还有不少其他辞书也是如此注音。这就令人无所适从了。我们认为,"箪食壶浆"和"箪食瓢饮"中的"食",不妨读作 shí。这么做,至少有两个好处:其一,可以避免诸多辞书中的自相矛盾。其二,把不必要复杂的问题简单化,有利于学习。

"雕像"与"塑像"

错 例

1. 据当地媒体 16 日报道,马其顿考古人员最近在该国南部发掘出三尊大理石人头塑像。这一发现说明该地区早在公元前 3 世纪就有人居住。

2. 广东花都狮岭盘古庙的盘古雕像,裸体,颈部围以胡叶,顶部塑有两个小小的犄角,右手持一长杖,可能脱胎自《三才图会》。

诊 断

混淆近义词。例 1 中的"塑像",应改为"雕像";例 2 中的"雕像",应改为"塑像"。

辨 析

"雕塑"是一个统称,分言之则有"雕像"与"塑像"之别。

"雕",本义是大型猛禽,假借为动词"雕(琱)琢"的"雕(琱)",义为治玉。再引申指一般的雕琢、雕刻。《论语·公冶长》:"朽木不可雕也。"何晏集解:"雕,雕琢刻画。""雕像"是指雕刻出来的人像,有时也包括动物的形象。其工艺是"雕",特点是做减法,即把不需要的部分去掉。上述例 1,大理石雕刻成的应是"雕像"。

"塑",从土,本义是用泥土抟成人物形象。"塑"字出现得较晚,从现存文献看是北宋人最早使用的。《资治通鉴·后汉隐帝乾祐三年》:"希广信巫觋及僧语,塑鬼于江上。"胡三省注:

"抟(tuán,把东西揉弄成球形)埴(zhí,黏土)为神鬼之形曰塑。""塑像"就是用石膏或泥土等塑成的人像,其工艺是"塑",是做加法,即将需要的部分添上。上述例2所谓"盘古雕塑",是"裸体,颈部围以胡叶,顶部塑有两个小小的犄角,右手持一长杖",显然是用"塑"的方法造出来的,所以只能称之为"盘古塑像"。

"泥塑木雕"这个常见的说法,就具有科学性。寺庙里的菩萨,其金碧外表之内,其实有的是泥,有的是木,泥的是"塑",木的则是"雕"。

链 接

雕、刻、塑

众多的雕塑,是由雕、刻、塑等三种不同的艺术手法创造出来的。

刻与雕比较接近。它们的区别,在于雕是立体的,而刻相对来说是平面的。像画像石、画像砖、岩画、碑碣等就是"刻",而乐山大佛、昭陵六骏等就是"雕"。

不同的艺术手法,需要以不同的物质材料为基础。雕从材料分类,除木雕外还有石雕、玉雕、骨雕、牙雕、竹雕等等;从形式分类则有浮雕、透雕、圆雕;从规模看,常规之外又有巨雕、微雕之分。雕和塑的材料要求不一样:雕的用材需要一定硬度,而塑的用材则需要具有可塑性。

"豆蔻年华"十三四

1. 1963 年 3 月 15 日,正值豆蔻年华的李明,与同厂的女友黄小菲经历了五年的爱情长跑后结了婚。

2. 经过选拔,66 名正值豆蔻年华的女孩子踏进北京警方的最高学府——北京人民警察学院的大门,成为名副其实的警花。……这些女孩子平均年龄只有 22 岁,平均身高 1.69 米。

诊 断

不明词义,误用词语。例 1,"豆蔻年华"只能用来描写女孩,李明是男儿身,不可说他"豆蔻年华";其次,"豆蔻年华"的人尚未到法定婚龄,法律规定不能结婚。例 2,"豆蔻年华"指十三四岁,22 岁的女孩子就不宜再称"豆蔻年华"。

辨 析

汉语中多用年龄的代称,尤其是在古典诗文中。每一个具体的代称,都有特定的内涵,须仔细甄别,否则难免要弄出笑话。

"豆蔻"与"豆蔻年华"是两个十分形象的语词。使用它们时,要同时符合两个条件:其一,对象必须是女性;其二,对象必须是十三四岁的少女。

"豆蔻"又名草果,多年生草本植物,高丈许,秋季结实。其种子可入药,唐代诗人杜牧《赠别》诗说:"娉娉袅袅十三余,豆蔻梢头二月初。"诗人用早春二月枝头含苞待放的豆蔻花,来比拟体态轻盈、芳龄十三四的少女。后因以"豆蔻"比喻青春女孩,以"豆蔻年华"喻指少女的青春年华。使用时，要注意原诗中所说的"十三余"这一岁数，即十三四岁。如鲁迅《且介亭杂文二集·论"人言可畏"》："一遇到女人，可就要发挥才藻了，不是'徐娘半老，风韵犹存'，就是'豆蔻年华，玲珑可爱'。"石三友《金陵野史·秦淮歌星王熙春》："来此演出的歌女，有半老的徐娘，有豆蔻年华的少年，也有未成年的幼童。"

链 接

有关青少年年龄代称的词语

及笄（jī）　女子十五岁。笄，古代束发用的簪子。《礼记·内则》："女子十有五年而笄。"

弱冠（guàn）　二十岁。《礼记·曲礼上》："二十曰弱冠。"古代男子二十岁行冠礼，表示已经成人，因为还没有达到壮年，故曰"弱冠"，后来泛指二十岁左右的年纪。

花信年华　女子二十四岁。花信，即花信风，应花期而吹来的风，历来相传花信风共有二十四番。引申指开花的消息，进而借指女子的成年期。

锦瑟年华　比喻青春时代。出处是唐李商隐的《锦瑟》诗："锦瑟无端五十弦，一弦一柱思华年。"锦瑟，漆有织锦纹的瑟。

掉转枪头"反戈一击"

1. 德国大诗人海涅是一名犹太人,常常遭到无端攻击。在一次晚会上,一个旅行家对他说:"我发现了一个小岛。这个岛上竟然没有犹太人和驴子!"海涅立刻反戈一击:"看来,只有你我一起去那个岛上,才会弥补这个缺陷!"

2. 物业公司将欠费业主推上法庭。业主反戈一击,以公司不具备起诉条件为由,将皮球踢了回去,请求法院驳回原告的起诉。

诊 断

望文生义。"反戈一击"和"反击""反唇相讥""绝地反击"不同,意思是说掉转武器,攻击自己人。例1中的诗人海涅与旅行家、例2中的业主与物业公司,原本都不是一个阵营里的人,所以一方攻击另一方,不存在"反戈一击"的问题。诗人海涅、业主的行为,都是反击而已。

辨 析

"反戈一击"也常说作"反戈",义为掉转武器,向自己原来所属的营垒回击。反,反转、调转;戈,古代的一种兵器,尖头横刃,长柄,像矛。语本《尚书·武成》:"会于牧野,罔有敌于我师,前徒倒戈,攻于后,以北。血流漂杵。"周武王率兵讨伐商纣王。商纣王匆匆率领军队赶到牧野迎战。可等战斗一打响,纣王的前锋部队就纷纷掉转矛头,攻击自己的部队。结果商军大败,血流成河。后以"反戈一击"比喻掉转方向,同自己阵营的人进行斗争。《三国演义》第十七回:"吾与杨将军反戈击之。但看火起为号,温侯以兵相应可也。"鲁迅《坟·写在〈坟〉后面》:"又因为从旧垒中来,情形看得较为分明,反戈一击,易制强敌的死命。"

如果双方本来并不属于同一阵营,那么,一方对于另一方的回击,是不能称为"反戈一击"的。当今媒体中的误用,主要是把它与"反击""反咬一口"等同起来了。

链 接

牧 野 大 战

商朝末年,商纣王暴虐无道,大臣多次进谏都被他拒之门外。少师比干强谏,结果被剖心处死。远在西岐的诸侯周文王,也被纣王囚禁。纣王甚至还杀死周文王的儿子做成肉酱,逼迫文王吃下。周文王含泪吃下了肉酱,忍辱负重,暗中积蓄力量,又与诸侯结盟,加紧灭商的准备。

商纣王的倒行逆施,引起了天下人的愤怒。周武王继位后不久,得知商纣王统治集团分崩离析,商军主力又远征东夷,朝歌空虚,即率兵伐商。他利用商地人心归周的形势,率本部及八个方国部落军队共 47000 名精锐,冒雨东进,渡过黄河,进至牧野。

商纣王闻讯,仓促武装大批奴隶,连同守卫国都的军队,共计 17 万乌合之众,开赴牧野迎战。两军对垒,武王命吕望率一部精兵冲击商军前阵,商军纷纷倒向周军。纣王仓皇逃回了朝歌,见大势已去,登鹿台自焚而死。周军占领商都,商朝从此灭亡。

　　牧野大战，是古代历史上一次著名的战争。它不但具有政治、军事等多方面的意义，也有文化方面的意义。记述这次战争的文献中，出现了许多成语，除"反戈一击"之外，还有"小心翼翼""天作之合""不食周粟""爱屋及乌""助纣为虐""血流漂杵""刀枪入库""马放南山"等。

"反映"与"反应"

1. 这些中文应用程序在海外如此火爆,也反应了一个严峻的现实:新移民遭遇的语言和文化障碍已经延伸到了互联网上。

2. 她因为爆发力好,反映快,成了教练最喜欢的小运动员。

诊 断

音同义混致误。"反映"指把事物的面貌、本质等反照出来;"反应"指某种刺激或作用引起的变化、回应。错例 1 指反照出现实,应改为"反映";错例 2 指身体因刺激产生的回应,应改为"反应"。

辨 析

"映",形声字,从日,央声。《说文》:"明也,隐也。"指光线照射而显出物体的形象。"反映"即"反照",照射而显示,指物体的形象反着映射到另一个物体上。引申为表现出客观事物的本质或把情况、意见等告诉上级及有关部门,通常指机体接受和回答客观事物影响的活动过程。如"反映情况""反映意见""反映问题"等。

"应"是多音字。"反应"的"应"读作"yìng",繁体字为"應"。《说文解字注》:"当也。当,田相值也。引申为凡相对之称。凡言语应对之字即用此。"义为回答。"反应"指机体受到体内或体外的刺激而引起相应的活动或变化,包括生理、心理活动以及物理、化学变化。如"反应慢""反应过激""引起反应"

"热核反应""化学反应"等。

"反映"与"反应",词义侧重点不同。"反映"的"映",强调的是对客观事物本质的显示,通过反映产生的结果,可以观察到客观事物的本质面貌。"反应"的"应",强调的是对刺激的回应,刺激与反应有因果关系。

"反映"与"反应",语法功能不同。"反映"是及物动词,可以带宾语,如"反映民意"。"反应"是名动兼类词。作动词时不及物,不能带宾语,如"快速反应"。

链 接

反射——一种特殊的"反应"

反射指机体通过神经系统,对于刺激所产生的反应,如瞳孔随光刺激的强弱而改变大小,吃东西时分泌唾液。

反射分为条件反射和非条件反射。

非条件反射是指人生来就有的先天性反射。是一种比较低级的神经活动,由大脑皮层以下的神经中枢(如脑干、脊髓)参与即可完成。如手碰着火,就立刻缩回去。条件反射是人出生以后在生活过程中逐渐形成的后天性反射,是在非条件反射的基础上,经过一定的后天习得,在大脑皮层参与下完成的,是高级神经活动的基本方式。

《世语新说·假谲》:"魏武行役,失汲道,军皆渴,乃令曰:'前有大梅林,饶子,甘酸,可以解渴。'士卒闻之,口皆出水。乘此得及前源。"望梅止渴,讲的就是一种条件反射。梅子是酸的,吃了以后能够刺激唾液腺分泌唾液。凡是吃过梅子的人,再见到梅子的时候,就能够出现这种反射——分泌唾液。谈论梅子时也分泌唾液——谈梅生津。这都与大脑皮层中塔顶的神经有关。可以想象一下,如果当年曹操的士兵都没有吃过梅子,也从没有人告诉他们梅子是酸的,那将是什么样的一种结局。

人体通过简单或复杂的反射,来调节自身的生命活动,从而能够对体内外的刺激作出适当的反应。反射是人类为了更好地生活和繁衍,而进化出的一种生存方法。

慎说"粉墨登场"

错 例

1. 为了迎接 2010 年上海世界博览会,青年志愿者们粉墨登场,大显身手。

2. 新旧世界嬗变交替的一片混乱中,奇人第欧根尼粉墨登场了。据说他曾大白天在雅典街头打着灯笼寻觅诚实的人,看到农民用手掬水喝便抛掉仅存的生活用具——杯子。当亚历山大大帝问第欧根尼能为他做点什么时,他的回答是:"移步,别挡了我晒太阳。"

诊 断

感情色彩不当。"粉墨登场"用作比喻义时,是一个贬义词,因而用在上述例句中不恰当。例 1 可改用"挺身而出",例 2 可改为"登上历史舞台"。

辨 析

"粉墨登场"也作"傅粉登场","粉"和"墨"是指搽脸和画眉用的化妆品。成语本指演员用粉和墨化妆,登台演戏。作这种用法时,是中性词。如清宣鼎《夜雨秋灯录·丐癖》:"久即村人赛会,生亦粉墨登场,歌喉一声,诸伶拜下风,观者呼绝调矣。"老舍《正红旗下》一:"戏曲和曲艺成为满人生活中不可缺少的东西,他们不但爱去听,而且喜欢自己粉墨登场。"现多比喻坏人经过一番打扮,登上政治舞台,含有讥讽的意味。此时,"粉墨登场"是一个贬义词。如老舍《四世同堂》七:"及至北平攻陷,这些地痞流氓自然没有粉墨登场的资格与本领,而日本也并未准备下多少官吏来马上发号施令。"

"青年志愿者们"是无私奉献的一群,奇人第欧根尼是雅典时期的犬儒派哲学代表人物,他们都不是要贬抑的对象,所以"粉墨登场"用在他们身上是很不恰当的。

链　接

演员社会地位的历史变迁

一个演艺行业的术语"粉墨登场",当它跨进其他社会领域时,却成了一个贬义词。这一语言现象的发生,可能和古代演员社会地位的低下有关。

演员在中国古代是被划入另册的,是被人看不起的贱民,即使在"乐籍"取消以后,他们也无疑位于社会底层。迟至20世纪40年代,中国多数地区还沿袭着戏剧演员死后牌位不能进宗庙祠堂的规矩。中国早期多称演员为"优伶",女演员的称呼则有"女优、女伶、坤伶、坤角"等,后又有"戏子"的称呼。这些称呼大多带有一点贬义。

晚清、民国以来,一些名演员的社会地位逐渐提升,且经常成为一个戏班的实际经营者,常被尊称为"先生"或"老板"。如知名的京剧演员程长庚,就常被称为"程老板"。时代的变迁,明显提升了演员的社会地位,他们中那些成就卓著者,已经渐次获得了社会承认。尤其是1950年代以后,他们终于在整体上获得了与其他行业的人平起平坐的资格。马连良、荀慧生、盖叫天、裘盛戎、周信芳等优秀的戏剧演员,得到了社会公众的尊敬和拥戴。

"风雨如磐"有贬义

1. 风雨如磐,岁月如歌,伴随着改革的春天,1996年在朔州这块神奇的沃土上,出现了一个带有传奇色彩的农民,他开创了朔州民办教育的新纪元。他用自己的名字命名了这所学校——占义学校。

2. 风雨如磐九十秋

——美国史研究专家黄绍湘的故事

(原刊2005年5月《中国社会科学院院报》。黄绍湘出生于1915年)

诊 断

误解词语的感情色彩。上述两例中的"风雨如磐",不适切语境,均可改为"风风雨雨"。

辨 析

"磐",大石头;"风雨如磐"本义是形容风雨极大。如《人民文学》1977年第10期:"一阵愤怒低沉的歌声,从他的胸中发出,和着小马的芦管发出的轻轻的呜咽,在风雨如磐的山谷里回荡开来。"通过比喻引申,指黑暗势力压迫沉重。鲁迅《集外集拾遗·〈自题小像〉诗》:"灵台无计逃神矢,风雨如磐暗故园。"又如,《人民文学》1979年第8期:"那风雨如磐的岁月,你肩起黑暗的闸门,放光明逐大江东去,送希望于万水千山。"

"风风雨雨"只是形容形势很不稳定,困难重重,可用来形容政局不稳、社会动荡的时代;而"风雨如磐"作比喻用,和成语"风雨如晦"接近,只能用来指黑暗统治。上述例1,说的是改革开放以来的社会发展,不宜用"风雨如磐";例2,黄绍湘先生出生于1915年,90岁的老人,自然跨越了新旧两个时代,新时代这部分不可用"风雨如磐"来描述。

链 接

"磐" 与 "磬"

有人把"风雨如磐"误作"风雨如磬"。"磐"读 pán,"磬"读 qìng,两个字义符都是"石头",但字义不同。

"磐"是一个形声字,从石,般声,本义为纡回层叠的山石、巨石。《易·渐卦》:"鸿渐于磐。"古代学者解释说:"磐山,石之安者。"又说:"山中石磐纡,故称磐也。"常见的词语有"磐石",义即厚而大的石头。《玉台新咏·古诗为焦仲卿妻作》:"君当作磐石,妾当作蒲苇。"

"磬"是一个象形字。甲骨文字形,象手持小槌击打的动作。本义为古代乐器,用石或玉雕成,悬挂于架上,击之而鸣。《说文》:"磬,乐石也。"

莫做"瓜田李下"的事

错例

1. 在股市闯荡了十多年,"杨百万"倒有几分闲庭散步、瓜田李下话桑麻的味道,一点没有全神贯注、严阵以待的气势。

2. 忽然之间,特向往隐居生活,过上瓜田李下的日子,拥有相夫教子的幸福。也许某天真会拥有这样的日子。

诊断

望文生义。把"瓜田李下"误解成一派田园风光、乡野景致了。例1可改成"气定神闲",例2可改成"乡居"。

辨析

成语"瓜田李下"亦作"李下瓜田""瓜田之嫌",意思与闲适、隐逸、田园趣味等没关系,而是指容易引起猜疑的地方。语本《乐府诗集·君子行》:"君子防未然,不处嫌疑间。瓜田不纳履,李下不正冠。"是说君子要避免嫌疑,在瓜田里不要弯腰拔鞋子,在李树下不要举手整帽子,以防止别人怀疑自己是想偷瓜偷李吃。后人就把容易引起嫌疑的地方称为"瓜田李下"。《北史·袁翻传》:"瓜田李下,古人所慎。"清李绿园《歧路灯》第五十一回:"但瓜田李下,嫌疑难辨,万一已拘者畏法混供,也甚怕堂讯之下,玉石不分。"亦省作"瓜李"。唐白居易《杂感》诗:"嫌疑远瓜李,言动慎毫芒。"

上述例1说股神杨百万有一种大将风度,能够举重若轻;例2说自己向往着过上归隐的生活。这些内容,显然都不是什么

"瓜田李下"。

链　接

唐文宗的"瓜田李下"

唐文宗时,大书法家柳公权忠良耿直,能言善谏,担任工部侍郎一职。

当时有个叫郭旼(mín)的官员,把两个女儿送进官中。不久,唐文宗就派郭旼担任邠(bīn)宁(唐方镇名)节度使。人们对这件事议论纷纷。

唐文宗感到奇怪,就以这件事来问柳公权:"郭旼是太皇太后的季父,官封左金吾大将军,当官以来没有什么过失,现在只让他当邠宁这个小小地方的主官,又有甚不妥呢?"

柳公权说:"议论的人都以为郭旼是因为进献两个女儿入官,才得到这个官职的。"

唐文宗说:"郭旼的两个女儿是进官陪太后的,并不是献给朕的。"

柳公权回答:"瓜李之嫌,人们哪能都分辨得清呢?"

"光年"不表示时间

1. 在他们的感觉里,时间似乎已经过去了数千亿光年。曾经有过的烦恼、忧伤,甚至恐惧都已随时间一同流走。

2. 斗转星移,光年计算,古代蛮荒与现代文明,石斧石镰与计算机软件,这当中经历了多少,转化了多少,这一切绝非个体的生命所能把握。

诊 断

"光年"使用不当,误解词义造成的差错。例1与例2,都把"光年"误当成了时间单位,其实它是一个距离单位。

辨 析

"年"是时间单位,"光年"虽有个"年"字,却不是时间单位,而是天文学上一种计量天体距离的单位。1光年等于光在真空中1年内所经过的路程,约等于94605亿千米。例如,天狼星距离地球约8.7光年,即它发出的光在空间走8.7年才到达地球。

为什么要创造这么一个新单位呢?这是因为宇宙中天体间的距离很远很远,如果采用我们日常使用的米、千米(公里)作计量单位,那计量天体距离的数字动辄十几位、几十位,很不方便。于是天文学家就另创了一种计量单位——光年。"光年"既然不是时间单位,"时间似乎已经过去了数千亿光年","斗转星移,光年计算"云云,就是弄笑话了。

试看两个正确的用例:"新的宇宙剧场有很多改进的地方。

首先,在规模上,它可以模拟宇宙中直径5万光年范围内2万多颗恒星在上下3000年中的运动、变化过程。"(《光明日报》,2003-08-13)"据美国探索频道报道,日前,天文学家通过星系光线受扭曲现象发现宇宙中迄今为止最庞大的暗物质结构。这处新发现的细丝和片状暗物质结构在太空中跨越幅度为2.7亿光年,呈现十字架形状,是之前发现的最大暗物质结构的3倍,也是银河系的2000倍。"(腾讯网,2008-02-26)

链 接

以"光年"计算

光由太阳到达地球需时约8分钟(即地球跟太阳的距离为8"光分")。

已知距离太阳系最近的恒星为半人马座比邻星,它们相距4.22光年。

我们所处的星系——银河系的直径约有10万光年。假设有一近光速的宇宙船从银河系的一端飞到另一端,它将需要约10万年的时间。但这只是对于(相对于银河系)静止的观测者而言,船上的人员感受到的旅程实际只有数分钟。这是由于特殊相对论中的移动时钟的时间膨胀现象而导致的。

目前天文观测范围已经扩展到200亿光年的广阔空间,这称为总星系。

词语百析

贬义的"过江之鲫"

错 例

1. 美国每年的大学毕业生多如过江之鲫,对于名满天下的嘉富道金融集团来说,何愁没有人才可用?

2. 早间的电视新闻说,我市参加冬季越野长跑的上千名运动员,像过江之鲫通过了大桥的涵洞。

诊 断

感情色彩不正确。"过江之鲫"含有贬义,不适合上述两个句子的语境。

辨 析

一个比喻,往往含有价值判断。汉语中,一些动物由于经常被当作喻体来用,它们的身上就积淀着明显的附加意义与价值取向的意味。比如,赞誉性的动物喻体有凤凰、龙等,"凤毛麟角""凤凰来仪""龙骧虎步""卧虎藏龙"等即是;而贬抑性的动物喻体有虫、癞蛤蟆、鸡犬、鹜(野鸭子)等,"雕虫小技""癞蛤蟆想吃天鹅肉""鸡犬升天""趋之若鹜"等即是。

鱼在汉语里多被当作贬抑的喻体,尤其是体形较小的鱼。例如,好的和坏的混在一起,叫"鱼龙混杂";国家因内乱而灭亡,叫"鱼烂土崩";因受惊扰而乱纷纷地四下溃散,叫"鱼惊鸟散";徒有其表或以次充好,叫"鱼质龙文"。

鲫鱼一般体长只有15~20厘米,多成群在江中游动。鲫鱼被当作喻体来用,和中国古代的一段史实有关。公元317年,东

53

晋王朝在江南建立后,北方士族纷纷南渡长江。这些人被称作"过江名士"或"过江人物"。为了躲避中原的战火,他们成群结队地慌乱南迁,狼狈之相可想而知。于是当时有人嘲讽说:"过江名士多于鲫。"后因以"过江之鲫"形容多而且纷乱,也用以讥讽赶时髦的人很多。例如,"大家都知道,日寇在泰国的顾问和间谍,多如过江之鲫。"

链 接

深于取象的汉语传统

汉语词汇的一大特点,就是"深于取象"。对特定的动物,人们往往有着约定俗成的感情色彩方面的联想。这里再举数例,以饷读者诸君。

沐猴而冠 沐猴(猕猴)戴帽子,装成人的样子。比喻装扮得像个人物,而实际并不像。

两脚野狐 比喻奸诈的人。

劳燕分飞 《乐府诗集·杂曲歌辞八·东飞伯劳歌》:"东飞伯劳西飞燕,黄姑织女时相见。"后以"劳燕分飞"比喻别离,多用于夫妻、情侣。劳:伯劳,鸟名。

牝鸡司晨 母鸡报晓。旧时贬喻女性掌权,所谓阴阳倒置,将导致家破国亡。语本《书·牧誓》:"牝鸡无晨,牝鸡之晨,惟家之索。"孔传:"喻妇人知外事。雌代雄鸣则家尽,妇夺夫政则国亡。"

如蚁附膻 膻:羊臊气。好像蚂蚁附着在有膻味的东西上一样,比喻许多臭味相投的人追求某种坏事物。《庄子·徐无鬼》:"羊肉不慕蚁,蚁慕羊肉,羊肉膻也。"

"过犹不及" ≠ "有过之而无不及"

错 例

1. 在 20 世纪五六十年代,作家在中国的地位是很高的,不但有钱,而且受到很多人的崇拜,那种崇拜比对现在的影视明星过犹不及。

2. 现在好像人人都甘愿被视觉效果所迷惑;所谓的"上有所好,下必从焉",这种市场需求,引得导演大师们为视觉效果而趋之若鹜,甚至过犹不及。

诊 断

误解词义。"过犹不及"说的是做事要讲究度,上述两例中的"过犹不及"都不合语境。均可改为"有过之而无不及"。

辨 析

"过",过分;"犹",像;"不及",达不到。成语"过犹不及",意思就是事情办得过火,就跟做得不够一样,都不好。语出《论语·先进》。有一次,子贡问孔子:"子张与子夏,哪一个贤能呢?"孔子回答说:"师(子张)也过,商(子夏)也不及。"子贡问:"那么子张好于子夏吗?"孔子说:"过犹不及。"子张与子夏都是孔子弟子中较为突出的人物。子夏长于文学,做事谨慎,曾有"学而优则仕,仕而优则学"等名言。子张深思好学,而思想偏激,爱走极端。孔子通过对这两个学生的评价,阐明了自己的"适度"原则,对中庸之道进行了具体解释。他认为,从坚持中庸之道的标准来看,"超过"和"不及",二者的结果是相同的,都不理想。

古今汉语中的"过犹不及"都是这么用的,无有例外。比如,唐韩愈《改葬服议》:"俭之与奢,则俭固愈于奢矣。虽然,未若合礼之为懿(美好)也。过犹不及,其此类之谓乎?"李国文《老刀枪》:"关心过了头有时候过犹不及,就会产生副作用。"

"有过之而无不及"则是简单的比较,意思就是(甲)超过(乙)。显然,与"过犹不及"不是一回事。

链 接

儒家"中"的精神

儒家提倡"中"的精神。据考证,"中"的观念,最初源自原始社会的狩猎活动,它与弓箭的发明使用有关,其本义为射击"中的(dì,箭靶的中心)"之意。弓箭作为一种技术发明乃是蒙昧时代的"决定性武器"(恩格斯语),对人类早期的政治生活有着十分重要的影响,是传统社会国家统治的技术基础之一,由此便衍生出了"中央之中"的意义。"中庸"一语,始见于《论语》:"子曰:'中庸之为德也,其至矣乎!民鲜久矣。'"孔子的意思是说,中庸是至高的品德,但是老百姓长久以来都缺少它呀。宋代朱熹曾对中庸之"中"的含义有过这样的解释:"中只是个恰好的道理。"可见,中庸即是把两个极端统一起来,遵循适度原则。在儒家看来,中庸这种道德是最高的人生境界。也就是说,为人处世,不要过分,也不要不及,过分与不及,都是偏离了目标,不能中的。

"工夫"与"功夫"

错 例

1. 我想还是那个和尚在言语上有工夫，才能如此引人入胜。

2. 民窑青花中的奇葩——文人青花，是书画工夫与瓷器的完美结合。

诊 断

混淆词义。凡是表示造诣深、本领强的，一律用"功夫"，不用"工夫"。上述两例的"工夫"都宜改为"功夫"。

辨 析

"工夫"与"功夫"是两个同音词，用法同中有异。不过，人们又常用"功夫"代替"工夫"。

在现代汉语中，"工夫"的用法都与时间有关。一是指做事所费的精力和时间。鲁迅《书信集·致郑振铎》："重行整理，又须费一番新工夫。"二是指空闲时间，如"明天有工夫再来玩吧！"三是方言用法，指时候，如"我当闺女那工夫，婚姻全凭父母之命，媒妁之言。"

"功夫"在现代汉语中也有三个用法。第一，表示本领、造诣。秦兆阳《苏醒》："他原本有一套祖传的武艺功夫。"第二，指武术这一特殊的本领。《深圳特区报》1986 年 3 月 13 日："中国功夫和西洋拳击，究竟谁优谁劣，这是中外人士均感兴趣的问题。"第三，同"工夫"。

从现代汉语的语用实践来看，虽然"功夫"常常运用在"工夫"的语境里,但它们的分工日渐明确,应让它们各司其职,使我们的汉语表达趋向精密化。因此,我们建议:凡是有关精力、时间方面的,用"工夫";凡是有关本领、技巧方面的,则用"功夫"。

链接

"工" 与 "功"

"工"是象形字。本义是工匠的曲尺。杨树达《积微居小学述林》:"以字形考之,工象曲尺之形,盖即曲尺也。"引申指工匠、工人;再引申指工时(一人一个正常工作日的劳动量),如"这项工程需两千个工"。由此,"工"字获得了表示时间的义项。"工夫"是一个偏义复词,"夫"读轻声,不表词义。

"功"是形声字,从力,工声。"工"亦兼表字义,表示用力从事工作。本义是功绩、功业、功劳。完成一件工作是需要一定技巧的,所以"功"又引申指功夫,即技术和技术修养,如"唱功""基本功""下苦功"等。"功夫"也是偏义复词,"夫"轻声,不表词义。

对联有"横批"

1. 现在有一种倾向必须注意:有人以为横披是可有可无的点缀。有的征联活动、联语辑录,干脆放弃了它。

2. 西安有位车主在自己的车后贴出了一副个性化的春联。上联是:108 要发;下联是:369 要顺。横披:NB。

音同致误。凡是称说对联的,一律用"横批",不用"横披"。上述例句的"横披",均应改为"横批"。

在现代汉语中,"横披"与"横批"相互区别。"横披"是指独立的一幅字画,而"横批"则是一副对联的组成部分。

"横披"是长条形横幅字画。因类似披肩,故名。元许衡《学题武郎中〈桃溪归隐图〉》诗:"桃溪风景写横披,浑似秦人避乱时。"《花月痕》第十六回:"东边板壁上,挂着一幅泥金小横披,草书七言绝句两首:玉漏催宵酒半醒,月钩初上照春屏。"

"横批"指与对联相配的横幅;"批",批点、批注。从内容上看,横批是一条评语,评的对象就是上下联。一般能起到画龙点睛或深化主题的作用。周立波《懒蛋牌子》:"门楣上贴着新的红纸的横批,上书'天作之合',两边的对联是:'庄稼传家久,翻身继世长。'"

话 说 "横 批"

横批即如文章的标题。一般说来,横批对于联文有着概括、揭示、补充、说明等作用。如抗日战争时期,陈寅恪教授在重庆因随时要跑警报,撰写了一副对联:"见机而作 落土为安",横批"死而后已"。

对联为何会有横批呢?其一,从使用的场合说,对联最常用也是最原始的形式,是贴挂于楹间(因之又泛称为楹联)。上下两条联文,再配以门楣上的横批,便呈"门"之势。其二,对称是对联最显著的特点,中国的建筑多用对称这一美学范畴。建筑与对联结构相映成趣,这是联文加横批的又一个缘由。但不是说,凡对联都有横批。有些门额牌匾可代作横批,题赠联、挽联(不宜楹间贴挂的)等多无横批。

横批多为四字词组,这是因为这种四字词组平仄易于配合,音韵和谐、短促有力。比如,一副贺婚联:"嫁得潘家郎,有田有米有水 娶来何氏女,添人添口添丁",横批是"潘何联姻"。

"火中取栗"不等于铤而走险

错 例

1. 如果用江湖的眼光看奥运,则奥运既是体育人的武林大会,也是营销人的武林大会。奥运商业资源如同唐僧肉,所有商家都虎视眈眈。对于广大中小企业来说如同火中取栗,风险与机遇并存。

2. 在伊拉克战争期间,一些女记者直接到前线采访,穿梭在枪林弹雨中,其火中取栗的冒险精神,令人感佩。

诊 断

误解词义。"火中取栗"并非指一般的冒险行为。例1可改为"一把双刃剑",例2可改为"铤而走险"。

辨 析

正确使用"火中取栗",要注意两点:一是所评议对象的行为具有冒险这一特点;二是这一冒险行为是受他人欺骗利用的,冒险的成果也为别人所占有。只有一个行为同时符合这两个特征,才可以说是"火中取栗"。

"火中取栗"的语义特征,与典源有关。它源于法国拉封丹的寓言《猴子与猫》:一只猴子和一只猫看见炉火中烤着栗子,狡猾的猴子骗猫去偷。猫用爪子一次次从火中取出栗子,自己脚上的毛被烧掉,然而栗子却让猴子吃了。后来便把受人利用,冒了风险,自己却一无所得比作"火中取栗"。如徐铸成《王国维与梁启超》:"段祺瑞只是一时利用进步党的所谓'人才内阁'作为他的垫脚石,而任公成了他的'猫脚爪',火中取栗后,就被抛弃了。"

最常见的误用,是把"火中取栗"当作"铤而走险"(无路可走,只得冒险)的同义词来用。上述两个错例犯的都是这一毛病。还有一种错误,则是将"火中取栗"当成了"趁火打劫"(趁人之危,从中取利)。

链接

"猫 爪 子"

东西方文化的差异会导致人们对同一事物或同一理性概念的不同理解,有时甚至会引起误解。习语恰是反映这种文化差异的极精炼的方式之一。比如,中国人十分喜爱猫,用"馋猫"来比喻人贪嘴,含有亲昵的成分。而在西方文化中,"猫"被用来比喻"包藏祸心的女人",如 old cat,义为脾气坏的老太婆;cat's paw 直译为"猫爪子",比喻"被人当作工具使用的人"或"受人愚弄的人"。汉语翻译者抓住寓言《猴子与猫》中的关键情节,加以改造,意译成"火中取栗",将原来习语里的"冒险"这一特征义素提示了出来,使语义比较显豁。再举一个类似的意译例子:kill two birds with one stone,可直译为"一石二鸟",也可意译为"一箭双雕"。

是"祸起萧墙"吗

1. 汶川大地震发生后,全世界向灾区伸出了救援之手。老张为此撰写了一副对联:"祸起萧墙,山崩地裂惊寰宇;灾临天府,四海五洲扬爱心"。

2. 武大被西门庆和潘金莲害死。不久,武松办完差事回到阳谷县。街坊邻居一见,纷纷议论道:"这下好了,武松回来,祸起萧墙了。"

诊 断

误解词义。"祸起萧墙"是发生于内部的人祸,不是天灾。例子1,地震是天灾,祸从天降,自然说不上什么祸起萧墙;例2,武松与西门庆本非一家,武松找西门庆报仇,只是对西门庆来说是"祸",并非"祸起萧墙"。

辨 析

"萧墙"即"肃墙",本指宫室里用作屏障的矮墙。因萧墙分隔内外,故臣子至此则肃然。在语用实践中,"萧墙"多作比喻用,指内部。

"祸起萧墙",亦作"祸发萧墙""衅发萧墙""变起萧墙"等,意思就是灾难发生在内部。语本《论语·季氏》:"吾恐季孙(当时季孙氏在鲁国把持朝政)之忧,不在颛臾,而在萧墙之内也。"这是孔子发的一句议论,意思是"我担心季孙氏的忧患,不在遥远的颛臾,而在国度之内"。后以"祸起萧墙"喻指祸乱出自内部。如《秦并六国平话》卷下:"祖舜宗尧致太平,秦皇何事苦苍生?不知祸起萧墙内,虚筑防胡万里城。"蔡东藩、许廑父《民国通俗演义》第八十回:"不照这么办法,恐祸起萧墙,势且波及全国,总统不如通权达变,暂歇风潮为是。"

链接

"祸起萧墙"原典

公元前 659 年,季友立公子姬申为国君,即鲁僖公。同年,季友迫使莒国将鲁国乱臣庆父交还鲁国。由于季友对鲁国王室忠心耿耿,为维护鲁国的安定作出了贡献,僖公便把汶水北面的土地及费邑这个地方赐给了季友,并命季氏世代为上卿。从此,费地成为季氏的私邑。季友的子孙被称为季孙氏。

季孙氏以颛臾国靠近费邑,以后会给子孙造成威胁为借口,要出兵征伐颛臾。

颛臾在商代即是方国,故址在今山东省平邑县柏林乡,至今平邑镇东还有颛臾村。周成王时颛臾成为鲁国附庸。颛臾地处鲁国首都曲阜和季氏采(cài,卿大夫的封地)邑之间,周王室曾授权其祭祀少皋和蒙山。季氏要对这样一个处在鲁国疆域之内的附庸国大动干戈,这使孔子十分反感。

季孙氏家臣子路和费邑宰冉求把季氏将伐颛臾的消息告诉老师孔子时,孔子批评他们没有尽责,没能劝阻季氏,最后提醒说:"吾恐季孙之忧,不在颛臾,而在萧墙之内也。"一语点破了季氏伐颛臾的真正原因。当时,季孙氏把持鲁国朝政,担心一旦鲁君起兵收回主权,颛臾会凭借地利帮助鲁君,便想先下手为强,消灭颛臾。所以孔子说,季孙之忧不在颛臾,而在鲁君(萧墙之内)。

"籍籍"不与"无名"配

错 例

1. 四十年前,华西村籍籍无名;而今,华西村已经成了全国闻名的天下第一村。

2. 一个人到了四十岁还藉藉无名,那还活个什么劲呀?

诊 断

搭配不当。误解了"籍籍(藉藉)"。"籍籍(藉藉)无名"说不通,可改为"寂寂无名"或"寂寂无闻"。

辨 析

在古籍中,"籍"与"藉"两字常常互用。可以说,"籍籍"="藉藉"。

作为形容词的"籍籍"和"藉藉",根据现有的文献资料,它们主要有三个义项:

(1)众口喧腾貌。《汉书·江都易王非传》:"〔刘建〕后数使使至长安迎征臣。鲁恭王太后闻之,遗征臣书曰:'国中口语籍籍,慎无复至江都。'"颜师古注:"籍籍,喧聒之意。"《京本通俗小说·拗相公》:"夫人道:'妾亦闻外面人言籍籍,归怨相公。'"

(2)声名盛大貌。唐杜甫《赠蜀僧闾丘师兄》诗:"大师铜梁秀,籍籍名家孙。"仇兆鳌注:"籍籍,声名之盛也。"宋苏轼《减字木兰花·赠润守许仲涂》词:"落笔生风,籍籍声名不负公。"

(3)纵横交错貌;众多貌。《汉书·燕刺王刘旦传》:"华容

65

夫人起舞曰:'发纷纷兮置渠,骨籍籍兮亡居。'"颜师古注:"籍籍,从(通"纵")横貌也。"晋葛洪《抱朴子·塞难》:"该河洛之籍籍,博百氏之云云。"王明注:"籍籍,纷纷貌。"

上述三个义项,可以说是从两汉到清末的大量古代文献资料中概括出来的,都包含"众多、盛大"这一核心义素,没有"数量少或没有"一类的意思。用"籍籍"或"藉藉"来跟"无名"搭配,扞格不入,显然是说不通的。

链接

"籍" 与 "藉"

在现代汉语里,"籍"与"藉"是严格区分的。

"籍",形声字,《说文》解释说"簿书也",从竹,耤(jí)声。古代的书写材料多用竹简,故从"竹"。本义是登记册、户口册,泛指成册的著作。《孟子·万章下》:"诸侯恶其害己也,而皆去其籍。"引申指个人身份、隶属关系等。如:军籍、党籍、外籍、客籍、籍贯等。

"藉"也是形声字,从艹,耤声,《说文》:"祭藉也。一曰艹不编,狼藉。"本义指放置祭品的衬垫,后泛指一般用作衬垫的东西。《仪礼·士虞礼》:"藉用苇席。"引申作动词用,唐柳宗元《捕蛇者说》:"死者相藉。"又如:用茅草垫祭品叫"藉茅",表示对神的敬意;"藉草枕块",指古时居丧的一种礼节,子从父、母丧时起至下葬一段时间,要睡干草、枕土块,以示哀思。进一步引申指践踏、欺凌,如"凌藉"。有一个常用的词语,叫"狼藉"。清翟灏《通俗编·兽畜》:"狼藉草而卧,去则灭乱。故凡物之纵横散乱者,谓之'狼藉'。"

伪劣商品无"价值"

1. 据不完全统计,去年全国工商机关查获的假冒伪劣农资,价值竟达 13 亿元。

2. 此次行动中,警方共将 60 余名涉案人员带回审查,姚某夫妇等 4 人因涉嫌销售假冒伪劣产品被警方刑拘。经过清点,警方共收缴了价值 180 余万元的假冒产品。

诊 断

用词不当。因为伪劣商品并无"价值"可言。上述两例均可改说成"案值"或"涉案金额"。

辨 析

"价值"一词,本指用途或积极的作用,古今汉语都用。清酉阳《女盗侠传》卷三:"隔一小时,有人来还帔,并袖(从袖中取)出一小囊曰:'此主人所以赠君者,嘱君载之以行,有无量价值。'"柯灵《香雪海·时间》:"古往今来,时间老人迈的永远是同样的步子,但是时间的意义和价值不同,对人的感觉也就不同了。"

作为现代经济学术语的"价值",则是指凝结在商品中的社会必要劳动。商品价值的大小,决定于生产该商品所需要的社会必要劳动时间。假冒伪劣产品的价值是难以计算的。生产假冒产品,其性质是欺骗。违法分子销售假冒产品所得的利益,或许与销售真品所得相差无几,但假冒产品的使用价值可能微乎其微,甚至会产生负面的效果。比如假冒的化肥、农药等,可能坑农害农,使农业大幅减产。

当需要表达缴获或没收的假冒伪劣产品的数量时,应计算其实物的具体数量,或用"涉案金额""案值"来表示。比如,"张家岭被控信用证诈骗罪、偷税罪、受贿罪等六大罪状。其中,仅信用证诈骗就近300起,涉案金额40多亿元。"(《经济观察报》,2008-08-17)

链 接

说"价"道"值"

"价值"的"价",繁体字是"價",《说文》解释为"物直(同"值")也"。《管子·轻重》:"国贫而用不足,请以平价取之。""值",价值、数值,如《乐府诗集·陌上桑》:"可值千万余。"在西方现代经济学引进中国之前,汉语里所说的"价值",就是指的价格,即商品价值的货币表现。清李渔《闲情偶寄·声容·薰陶》:"香皂以江南六合县出者为第一,但价值稍昂。"清平步青《霞外攟(jùn,拾取)屑·掌故·碎石治河》:"因度山石远近价值,与土木船载远近多寡,计需银止十四万两。"

"间不容发"不是刻不容缓

错 例

1. 近年来,随着流域经济的快速发展,松花江污染问题也日渐严重,恢复松花江的生态功能间不容发。

2. 推行双语教育间不容发(文章标题)

诊 断

望文生义。上述两例的作者都把"间不容发"理解成刻不容缓、不能拖延了。其实,"间不容发"是说灾祸相距极近,情势极其危急。均可改为"刻不容缓"。

辨 析

"间"读 jiān,本义为空间,引申指时间。"间不容发"本谓两者之间容不下一根头发,形容事物之间距离极小或事物很精密。语出汉枚乘《上书谏吴王》:"系绝于天,不可复结;坠入深渊,难以复出。其出不出,间不容发。"枚乘是西汉的著名辞赋家,也是吴王刘濞的谋士。他在上书中分析了反叛中央的严重后果。他打比方说,如果在一根线上吊千钧(古代三十斤为一钧)重物,这重物悬在空中,下面是无底的深渊,连最笨的人也知道它极其危险。接着他又指出,马刚受惊骇就打鼓吓它,线将断又吊上更重的东西,其结果必然是"系物的线在半空断掉无法再连接,重物坠入深渊无法再把它取出。这情势的危急程度,就像两者距离极近,中间容不下一根头发"。后多用来比喻情势危急到了极点,或与灾祸相距极近。如,朱自清《执政府大屠杀记》:"他说他前后两个人都死了,他躲闪了一下,总算幸免。这种间不容发的生死之际也够人深长思了。"

"间不容发"的近义词有"岌岌可危""危在旦夕""危如累卵"等。

"刻不容缓",义为片刻也不能拖延,形容形势紧迫。说一件事"刻不容缓",不一定是因为危险、灾祸已临近,只是强调此事的紧迫性而已。

链接

一道高考模拟题

下列各句中,画底线的成语使用恰当的一句是(   )。

A. 在这次举行的"当代书法展"上,各种书体与风格的作品<u>等量齐观</u>,保证了展览的专业性与流派的代表性。

B. 大灾之后,要防止大疫发生。这是一项<u>间不容发</u>的任务。

C. 在今年的"排队推动日"活动中,虽仍有<u>凤毛麟角</u>的几个"不自觉者",但广大市民不论乘车还是购物都能自觉排队。

D. 听说这家晚报和当地电信部门将联合举办高校招生大型电话咨询会,请有关专家答疑解惑,考生和家长都<u>喜出望外</u>。

正确选项是 D 项。A 句将"等量齐观"理解成各种风格的作品在数量上没有大的差别,质量很好,值得观赏,是理解错误,"等量齐观"指的是不管事物间的差异,同等看待,多带批评色彩。B 句将"间不容发"的意思等同于"刻不容缓"了。C 句中的成语"凤毛麟角"是用来比喻稀少而可贵的人或事物的,应该用于褒义语境。

"吉光片羽"的真相

错 例

1. 在人生的旅途中踽踽独行，一路上和形形色色的人或者牵手终身，或者擦肩而过，或者共行一段，或者惊鸿一瞥……有些人，虽是吉光片羽的交会，却纳入了记忆的盒子。

2. 我阅读不挑剔，鸿篇巨制、吉光片羽都曾令我怦然心动。

诊 断

误解词义。"吉光片羽"是用来赞美物体珍贵而稀少的。上面例1将其误解成了"短暂的片刻"，可改用"电光石火"。例2将其误解为"短小的文章"了，可改为"片言短章"。

辨 析

古代传说，"吉光"是神兽名，以吉光的毛皮为裘，入水数日不沉，入火不焦。古代文献对此多有记述。《海内十洲记·凤麟洲》："吉光毛裘，黄色，盖神马之类也。裘入水数日不沉，入火不燋（jiāo，通"焦"）。"晋葛洪《抱朴子·对俗》："腾黄之马，吉光之兽，皆寿三千岁。"《云笈七签》卷八四："天马者，吉光、腾黄之兽也。"

"吉光片羽"指神兽的一小块皮毛，比喻残存的艺术珍品。人们常说"吉光片羽，弥足珍贵"。朱光潜《艺文杂谈·谈书牍》："魏晋以前，著录的书牍多为吉光片羽，言简意赅而风味隽永。"郭沫若《惠施的性格与思想》："惠施的遗说，其吉光片羽，幸而尚能孑遗后世者，我们不得不感谢庄子了。"

词
说
百
析

"吉光片羽"可以描述的对象是具体明确的,不可随意扩展。只有符合下列两个条件才可以使用这一成语:其一,主体已经亡失,只剩下很少的一部分;其二,残存的这一部分很珍贵,价值很高。其近义词是"吉光凤羽""凤毛麟角"。

链接

一道高考模拟题

下列各句中画底线的熟语使用正确的一项是(　　　)。

A. 仿佛昨天才踏进校门,谁料倏忽之间,高中三年已经过去,吉光片羽,都为陈迹,令人唏嘘不已。

B. 南昌一生产酱油的厂家在酱油中添加了人工色素和黏稠剂,却大做广告"保证不添加人工色素",这简直是掩耳盗铃。

C. 日本福冈地方法院判决首相小泉参拜靖国神社违宪后,小泉扬言今后将继续参拜,他的恣意妄为激怒了中国及亚洲其他各国爱好和平的人民。

D. 他呀,是我们学院的学生会主席,做起事来可麻利了,无论做什么都倚马可待,从不拖泥带水。

答案是 C。A 项把"吉光片羽"误解成瞬息之间了;B 项把"掩耳盗铃"当成一般的欺诈了;D 项"倚马可待"是说才思敏捷,不适合语境。

不能坐堂"就诊"

错 例

1. 白鹿镇在村子西边,一条小街,一家药铺,冷先生坐堂就诊,兼营中药。

2. 医生坐堂就诊时被精神病人枪杀　医院被判赔偿 50 万(新闻标题)

诊 断

误解词义。"坐堂就诊"是一个矛盾组合,说不通。"坐堂"是医生的行为,"就诊"是病人的行为,杂糅在一起不合情理。

辨 析

"坐堂"有两个意思:一是旧时指官吏在公堂上审理案件,二是指行医者在店堂里坐守看病。

"就诊"就是就医,病人到医生那儿看病。"就诊"的"就",是"到"的意思。"就"字的这一用法,在汉语中很普遍。《礼记·曲礼》:"主人就东阶,客就西阶。"意思是说,主人站到东面台阶,客人站到西面台阶。《庄子·天地》:"禹趋就下风,立而问焉。"意思是说,大禹快步走到下风处,站着询问。《楚辞·九章·哀郢》:"去故乡而就远兮。"就是说,离开故乡到远方去。这几个例句中的"就",都有"靠近、走近、趋向"的意思。《广韵》解释"就"时说"即也"。

病人找医生看病是"就诊",那么医生给病人治病该用什么词呢?汉语的说法是用"应诊"或"接诊"。"应诊"的"应",意思是接受;"应诊"即接受病人的求诊。医生的职责就是接受病人,给予治疗。上述例1,冷先生是一个医生,所以"冷先生坐堂就诊"可改为"冷先生坐堂应诊";例2"医生坐堂就诊"也可改为"医生坐堂应诊"。

链 接

几个医学语词的规范写法

1."辨证施治"不能写成"辩证施治"。"辨证"是一个古语词。"辨"即辨别、分析,"证"是对症状的综合与归纳;"辨证"就是辨别症候。而"辩证"是一个现代语词,属于哲学范畴,如"辩证法""辩证唯物主义""辩证地看问题"等。

2."魔怔"不能写成"魔症"。"魔怔"是一个口语词,义为举动反常,像被妖魔控制住了一样。"怔"是发呆、发愣,因而不能写作"症"。

3."综合征"不要写成"综合症"。"症",多用于疾病的名称;而"征",既包括自诉的症状,也包括医学检测发现的体征。当一种身体异常表现出复杂的迹象,一时又难以断定病因时,从"征"的角度加以描述,称之"综合征",应该说是一种科学、慎重的态度。反之,如果径直称之为"症",未免有失严谨。

"厥词"是指谬论吗

错　例

1. 杨丞琳在新加坡声讨大陆网友,口无遮拦地乱放其厥词。

2. 媒体报道说,盖特纳还未就任美财长就称中国"操纵汇率"。这种厥词实在令人愤慨。

诊　断

误解词义,语义重复。"厥词"的意思就是他的言辞,大体上是中性的。上述两例都把它当作贬义来用,弄错了感情色彩。从句法上看,"乱放其厥词"和"这种厥词"叠床架屋,说不通。例1可将"其"删去,例2可改为"这种谬论"。

辨　析

"厥"是一个形声字。从厂(hǎn,山崖),欮声。本义指石块。《荀子·大略》:"和之璧,井里之厥也,玉人琢之,为天子宝。"在汉语里,"厥"字这一本义很少用,它的两个常见的用法是借作病名与作代词。其一,病名,指突然晕倒、失去知觉等症,如"昏厥""痰厥"等;其二,作代词,指"其、他的"。《尔雅·释言》:"厥,其也。"如宋苏洵《六国论》:"思厥先祖父。"又如,"厥父"指他的父亲,"厥职"指他的职位,"厥疾不疗"指他的疾病不可治疗了,"厥功至伟"(不要误作"居功至伟")指他的功劳很伟大。

"厥词"是一个偏正结构的短语,不是一个词。现在常见的几部辞书,如《辞源》《汉语大词典》和《现代汉语词典》等的

"厥"字条下,都找不到"厥词"。其中的"厥",意思就是"他(她/他们)的",作第三人称所有格用;"厥词"就是"他(她/他们)的言辞"或"他(她/他们)的文章"。从感情色彩上看,显然是中性的。

"厥词"与贬义的成语"大放厥词"不一样。"大放厥词"源自唐韩愈《祭柳子厚文》:"玉佩琼琚,大放厥词。"意思是说柳宗元铺张美玉般的辞藻,大展他的文才。这是称赞之辞。后来"大放厥词"演变成了贬义词,意思是夸夸其谈,大发议论。如郭良蕙《焦点》十:"也许他认定我年轻无知,才毫无顾虑地在我面前大放厥词。"

链接

内敛含蓄的汉语传统

"大放厥词"的贬义从何而来?我们以为可能和汉语文化内敛含蓄的审美取向有关。表面平静,内在激烈;表面质朴,内在丰富。含蓄美,又可分为表达时的深沉和显露时的适度两个层面。表现在诗歌创作中,推崇"心头无限意,尽在不言中"的抒情技巧。唐司空图在《诗品》中论"含蓄"时说:"不着一字,尽得风流。"就是要用简练而传神的笔墨,点到即止,使人通过涵咏想象而得之。比如,岑参《白雪歌送武判官归京》的"峰回路转不见君,雪上空留马行处",钱起《省试湘灵鼓瑟》中的"曲终人不见,江上数峰青"。

"谦受益,满招损",是传统中国的一个文化信念。一个人如果放纵其言、不受拘束,可能会给人目空一切的印象。"大放厥词"自然不会受人欢迎。

"绝无仅有",有还是没有?

1. 全球第一例成人头部连体双胞胎的分离手术,本月6日下午在新加坡莱佛士医院施行……为成年头部连体双胞胎实施分离手术在世界医学史上绝无仅有,风险极大。

2. 清廉贤明的官吏离任,老百姓挽留不住时,攀住车前辕木、卧在车道上拦阻,古代称为攀辕卧辙。如今用这样的方式挽留好官的,恐怕绝无仅有了。但表达此种眷恋之情的,不能说完全没有。

诊 断

误解词义。把"绝无仅有"误为"从来没有"了。实际上,在这个成语中,"绝无"是虚的,不表达语词的意义;"仅有"才是关键。上述错例均可改为"从未有过"。

辨 析

"绝无仅有"的意思近似于"仅有",只有这一个或这一件,此外再没有了,形容极其少有。语本宋苏轼《上皇帝书》:"改过不吝,从善如流,此尧、舜、禹、汤之所勉强而力行,秦汉以来之所绝无而仅有。"自出世以来,这个成语一直这样用,并无它义。如,清平步青《霞外攟屑·掌故·沈筠钱铺》:"谓三阅月中,先授编修,后选庶常,士林以为绝无仅有之遇。"郑振铎《风波》:"以前每每的强拽了他们上王元和去喝酒,或同到四马路旧书摊上走走。婚后,这种事情也成了绝无仅有的了。"

从语词的结构上看,"绝无仅有"是一个偏义词。偏义词和其他并列结构的合成词一样,内部的两个部分是并列的,但实际上只取其中一个部分的意义作为整个词语的意义,另一个语素只是陪衬。例如,现代汉语里的名词"国家""质量""狐狸""妻子"等,都是由两个语素并列组成的,其中一个语素义虚化脱落:"国家"偏指"国","家"义消失;"质量"偏指"质","量"义消失;"狐狸"偏指"狐","狸"义消失;"妻子"偏指"妻","子"义消失。2003 年上海语文高考题中,有一题要求考生将"盖目眶尽肿,不可开合也"译成现代汉语,结果有人把"不可开合"译为"张不开,闭不上",闹了笑话。原因在于这部分考生对偏义词缺乏了解,没有看出"开合"在句中是一个偏义词。

回过头来再看"绝无仅有"。在"绝无"与"仅有"这两个构件中,"绝无"只起陪衬作用,整个成语的意义落在"仅有"上。

链接

一道成语辨析题

下列四句话中画底线的成语使用正确的是(　　　)。

A. 在这么短的时间内,在这么大的范围内,进行这么深刻的基础教育课程改革,这在世界上也是<u>绝无仅有</u>的。

B. 各种史书、影视剧莫不沿用此说,将珍妃塑造成深明大义星光灿灿的侠烈嫔妃。然而,历史真相却非如此,或曰<u>南辕北辙</u>相去甚远。

C. 人们越来越离不开时间,从日出而作日落而息,到<u>晨钟暮鼓</u>,从沙漏、日晷到挂钟、手表。

D. 那些声名不甚彰著的笔名,多属于报坛的过客,<u>兔起鹘</u>

落,不惹人注意。

答案选 A。B 项,"南辕北辙"比喻行动和目的完全相反,句中使用错误;C 项,"晨钟暮鼓"比喻可以使人警觉醒悟的话,句中使用错误;D 项,"兔起鹘落"比喻动作敏捷,也喻指作画、写字、写文章等下笔迅速,句中使用错误。

"具体而微"非"具体"

1. 乐趣,看来是具体而微的小事,却反映了一个人的情操。

2. 例如,大学里的一切宏观课程我皆能应付自如,而大部分微观课程却经常战战兢兢勉强过关。所以,一有机会我便会做些具体而微的事情,发一些唠唠叨叨的议论,以此训练自己把握细节的能力。

诊 断

误解词义。"具体而微"是说内容大体具备而形状或规模较小,上述两例误把它当作"具体"来用了。均可改为"具体"。

辨 析

在现代汉语里,"具体而微"与"具体"不是一个意思,用法大不同。

"具体而微"是个成语,语出《孟子·公孙丑上》:"子夏、子游、子张皆有圣人之一体,冉牛、闵子、颜渊则具体而微。"朱熹集注:"谓有其全体,但未广大耳。"此处的"具体",是述宾结构,意思就是具备了形体特征、大体上具备;"微",就是微小。这段话的大意是说:子夏、子游、子张都具有孔子某一个方面的优点;冉牛、闵子、颜渊三人都大体近于孔子,却不如他那样博大精深。后因以"具体而微"指称事物的内容大体具备,而规模、形状较小。例如,唐白居易《醉吟先生传》:"所居有池五六亩,竹数千竿,乔木数十株,台榭舟桥,具体而微。"茅盾《成都——"民族形式"的大都会》："所谓五千年文物之精美,这里多少还具体而微保存着一些。"上述例1与例2,都犯了望文生义的错误。

关键是要记住"具体而微"的"具体",不是我们今天现代汉语里常见的那个"具体"。今天所说的"具体",多作形容词用,意为细节方面很明确、不抽象、不笼统。叶圣陶《线下·校长》："想要辩解,又没有具体的方法。"

链 接

古汉语中的"具体"

辨析词语,要有共时观念。古汉语中的"具体"与现代汉语里的"具体"不一样,用法有三。第一,等同"具体而微"。明胡应麟《少室山房笔丛·庄岳委谈》："盖杂剧即传奇具体,但短局未舒耳。"第二,指个别而细微的事情。晋葛洪《抱朴子·备阙》："若以所短弃所长,则逸侪拔萃之才不用矣;责具体而论细礼,则匠世济民之勋不著矣。"第三,谓粗具大体。清纪昀《阅微草堂笔记·滦阳消夏录三》："有扶乩(jī,"扶乩"指占卜问疑)者……亦能作画,画不过兰竹数笔,具体而已。"

华灯初上，夜色"阑珊"？

1. 走到窗边推开纱窗，晚风徐徐，扑面的是湿润的空气，城市的阑珊灯火尽收眼底。

2. 我们的古城越来越美丽了，尤其是在华灯初上时分，夜色阑珊的港湾一片欢腾，那种别样的美丽让人心醉。

诊 断

误解词义。上述例句想当然地理解"阑珊"的含义，把它当作"繁盛""热烈"一类的意思，结果就把话完全说反了。例1可改为"璀璨"，例2可删去"阑珊"，再加一个"下"。

辨 析

"阑珊"是一个古代传承下来的语词。"阑"是一个形声字，从门，柬（jiǎn）声，《说文》解释说"阑，门遮也"。本义是门前的栅栏、栏杆。《晏子春秋·内篇谏下》："今公之牛马老于阑牢，不胜服也。"栏杆围起的一个区域，靠近栏杆的地方就是它的边界了，表示到了这个区域的尽头，由此"阑"字引申出将尽的意思。如宋陆游《十一月四日风雨大作》诗："夜阑卧听风吹雨。"又如，把筵席将要结束、饮酒者半罢半在称作"酒阑"。进一步引申，指衰退、衰落、消沉。如唐白居易《咏怀》："白发满头归得也，诗情酒兴渐阑珊。"

"阑珊"的意义基本等于"阑"，是个书面色彩很浓的词语，属于叠韵联绵词。辞书上列出"阑珊"的五种含义：①残、将尽，如"歌断酒阑珊""宴阑珊""梦阑珊";②暗淡、零落,如"众里寻他千百度,蓦然回首,那人却在灯火阑珊处";③衰减、消沉;④零乱、歪斜,如"南斗阑珊北斗稀";⑤困窘、艰难,如"官况阑珊"。可见,"阑珊"与繁盛、热闹等是不搭界的。

这里再举两个现代的用例。鲁迅《华盖集·"碰壁"之后》:"中国各处是壁,然而无形,像'鬼打墙'一般,使你随时能'碰'。能打这墙的,能碰而不感到痛苦的,是胜利者。——但是,此刻太平湖饭店之宴已近阑珊,大家都已经吃到冰其淋,在那里'冷一冷'了罢⋯⋯。"叶圣陶《倪焕之》十三:"他像是个始终精进的人,意兴阑珊是同他绝对联系不上的。"

链 接

一类特殊的联绵词

从语义构成上看,联绵词属于单纯词,一般都是由两个音节(汉字)共同记录一个语素,每一个音节(汉字)本身都与词义无关,如"琉璃""蜻蜓""妯娌"等。不过,有一类联绵词比较特别,是由一个音节加上一个黏着语素构成的。比如"蝴蝶""蜘蛛""麒麟""蚂蚁""蟾蜍"等,其中的"蝶""蛛""麟""蚁""蟾"等在现代汉语里就属于黏着语素,表示词义,而"蝴""蜘""麒""蚂""蜍"等仅是记录语音的符号,本身没有意义。"阑珊"也是这样,"阑"字是黏着语素,"珊"字是一个音节,不表义。

"炼狱"乎?"地狱"乎?

1. 法国大火烧得蹊跷　旅游天堂成了烈火炼狱(新闻标题)

2. 我在那家公司任职的两年,简直是生活在人间炼狱。那是一个虐待人的公司,管理黑暗而混乱,只要后台硬,什么都做得了。

混淆近义词。把"炼狱"与"地狱"看成了等义关系,结果在该用"地狱"之处误用了"炼狱"。上述两例中的"炼狱",都应改为"地狱"。

"炼狱"与"地狱"虽都是"狱",但含义不同。

"炼狱"是天主教的一个概念,指生前罪恶没有赎尽的人死后灵魂暂时受罚的地方。善人终有善报,恶人终有恶报。天主教认为,一个人死了之后,灵魂可能有三个去处:灵魂纯洁的善人,死后升天堂享永福;凡是犯有大罪的恶人,死后下地狱受永罚。在天堂与地狱之间,还有一处去所,这就是炼狱。"炼狱"又可以翻译为"涤罪所",如善人生前罪愆没有赎尽,死后升天堂前须在炼狱中暂时受罚,至罪愆炼尽为止。即将步入天堂的死者,经受炼狱的磨难,就可以实现精神升华,从而灵魂升入天堂。"炼狱"既然称为"狱",当然也是一个受苦受难的地方,但一旦把罪"炼"完，便可以脱离苦海，升入天堂。所以，进入"炼狱"的前途还是光明的。

由宗教领域进入世俗日常生活，"炼狱"就被用来喻指人经受磨炼的艰苦环境。郭沫若《沸羹集·为革命的民权而呼吁》："全世界在战争的炼狱里面，为民主精神的兴废正作着生死的斗争。"

"地狱"也是一个宗教词语。在佛教中，"地狱"是六道之一，处于地下，义为"苦的世界"；在基督教中，"地狱"与"天堂"相对，是上帝（天主）用来惩罚魔鬼和恶人的囚禁地，即不信仰耶稣基督的人的灵魂，于末日审判后受永刑的地方。

汉语中很早就用"地狱"来喻指苦难危险的境地。曹禺《原野》序幕："他眼里闪出凶狠，狡恶，机诈与嫉恨，是个刚从地狱里逃出来的人。"

链 接

基督教 ABC

基督教与佛教、伊斯兰教并称世界三大宗教。它是一个一神论的宗教，指所有相信上帝及其独生子耶稣基督为救主的教会。基督教分有许多派别，主要有天主教、东正教、新教三大派别，以及被自称正统的教会排斥的摩门教、耶和华见证人，等等。基督教是世界上信仰人口最多的宗教，有 20 亿以上的人信仰基督教。

基督宗教在最初，也就是最原始的时候是没有派别之分的。到了基督宗教后半时期的 1054 年，由于经济、地位的不同造成了第一次分裂，史称"东西大分裂"，分裂为天主教（罗马公教)和东正教。天主教以罗马为中心,东正教以君士坦丁堡为中心。第二次分裂发生在 16 世纪的时候,罗马天主教内部的某些原因,使得神父马丁·路德脱离教会自己做主成立新的教派,即新教。新教现在有上千个教派,其中有三大教派是非常著名的,那就是路德宗、加尔文宗和安立甘宗。

汉语里的"基督教"一词,有两个含义。第一种指的是基督教这个大家庭,即包括了所有基督教派:天主教、东正教、新教以及边缘教派。而第二种基督教也是大家最常说的,指的是"基督新教",现在书面上提到的基督教,多半指的就是基督新教。现在一般学术用语把第一种称作"基督宗教"。

官员"恋栈",战士"恋战"

1. 美国加州大学柏克莱分校校长田长霖于 1997 年提出辞呈,他解释说:"我已经当了 7 年校长,做了许多工作,不需要再恋战,所以名望最高的时候退了下来。"

2. 不少官员一提到退休年龄,总是遮遮掩掩,讳莫如深,好像是一件丢脸面的事。说到底,是这些官员的恋战心理作祟,丢不下官位曾经带来的荣耀和实惠。

误解词义。表示官员贪恋职位而不愿退休这一意思,用"恋栈"不用"恋战"。上述两例的"恋战",均应改为"恋栈"。

"恋战"和"恋栈"虽然都有留恋、贪恋这一义素,但总的词义并不一样。区别就在于所"恋"的对象不同:前者恋的是"战",即战斗;后者恋的是"栈",即官位、职位。其次,两者感情色彩也不同:"恋战"是中性词,"恋栈"是贬义词。

"恋战"是说为试图取得更大战果,不愿退出战斗。比如,《三国演义》"赵子龙单骑救主"中有这样一个情节:"将阿斗抱护在怀……正走间,前面又一枝军马拦路。当先一员大将,旗号分明,大书'河间张郃',云更不答话,挺枪便战。约十余合,云不敢恋战,夺路而走。"孙犁《白洋淀纪事·村落战》:"五柳庄村外的敌人,无心恋战,就用那剩下的两辆汽车载着鬼子往城里退。"

　　"恋栈"是"驽马恋栈豆"的略语。"驽马",蹩脚的马、低能的马;"栈",马圈的栅栏;"豆",食料。"驽马恋栈豆",原指马对马棚的依恋之情,喻指只顾眼前利益,不知高瞻远瞩。后来缩略成"恋栈"一词,常用来形容官员贪恋禄位而不想离开自己的职位,或只想维护个人的既得利益,带有明显的贬义色彩。比如,巴金《探索集·作家》:"到该让位的时候,我绝不'恋栈'。"巴老在这里是自嘲。

链接

曹爽"恋栈"

　　"恋栈"语本《三国志·魏志·曹爽传》。魏国的大将军曹爽和权臣司马懿争权。司马懿乘魏主曹芳与曹爽出城谒魏明帝墓的机会,发动军事政变,占领了都城洛阳。而后他派人诱说曹爽回城,诡言只要曹爽交出兵权,仍可享受富贵。

　　这时,曹爽的亲信桓范私出城门往投曹爽。司马懿听得桓范走了,大惊道:"智囊跑了。"蒋济安慰说:"范则智矣。驽马恋栈豆,爽必不能用也。"果然不出蒋济所料,桓范劝曹爽不要上司马懿的当,速同魏主幸许昌招外兵勤王,讨伐司马懿。但曹爽贪恋禄位,以为交出兵权后,仍不失作富家翁,于是不听桓范之言,向司马懿投了降。结果全家被司马懿所杀。

了了·寥寥·藐藐

1. 在今天这个金钱至上、物欲横流的社会,未来学家的警语,很可能是"言者谆谆,听者了了"。

2. 这次好不容易鼓足勇气签约做了一家晚报的代理商,却挨了迎头痛击。好多天过去了,征订的客户仍是了了无几。

诊 断

音近致误。"了了"是明白、清楚的意思。例1误写成语,"了了"可改为"藐藐";例2,"了了"不是数量少,可改为"寥寥"。

辨 析

"了了""寥寥""藐藐"都是叠音形式的形容词,用法各不相同。

"了了"的"了"读 liǎo,本是夸赞人聪慧、通晓事理的。如晋袁宏《后汉纪·献帝纪》:"小时了了者,至大亦未能奇也。"又如《二刻拍案惊奇》卷五:"小时了了大时佳,五岁孩童已足夸。"引申表示明白、清楚。如晋张华《博物志》卷二:"有发前汉时冢者,宫人犹活……问汉时宫中事,说之了了。"我们今天常说的"心中了了""不甚了了"等,也是这个意思。总之,"了了"丝毫没有数量少的意思。

"寥寥"的"寥"读 liáo,本作"廖",形声字,从宀(mián)。本义是空虚、寂静,如"寥廓""寥无人烟";引申指稀少、非常少,如

89

"寥落""寥若晨星"。重叠形式"寥寥",义为数量少,如"寥寥可数""寥寥无几"。

"藐藐"的"藐"读miǎo,形声字,从艸,貌声。本义是草长得小,如"藐小";引申作动词用,义为小看、轻视,如"藐视"。成语"言者谆谆,听者藐藐",意谓教诲的人言辞恳切,而听的人却无动于衷。

链 接

孔融"小时了了"

成语"小时了了",意思是年幼时聪明。典出《世说新语·言语》:"孔文举(即孔融)年十岁,随父到洛(洛阳,东汉首都)。时李元礼有盛名,为司隶校尉(掌管治安);诣门者皆俊才清称及中表亲戚乃通。文举至门,谓吏曰:'我是李府君亲。'既通,前坐。元礼问曰:'君与仆有何亲?'对曰:'昔先君仲尼与君先人伯阳(道家创始人老子李耳,字"伯阳")有师资之尊,是仆与君奕世(累世、代代)为通好也。'元礼及宾客莫不奇之。太中大夫陈韪后至,人以其语语之。韪曰:'小时了了,大未必佳。'文举曰:'想君小时,必当了了。'韪大踧踖(cùjí,恭敬而不安的样子)。"后亦以"小时了了,大未必佳"言人不能因少年时聪明而断定其日后定有成就。

"另眼相看"与"刮目相看"

1. 这所大学近年所授予的硕士和博士学位已大大贬值,不仅自己觉得不地道,在国际上也被人刮目相看。

2. 老穆遭遇了一件尴尬事:他的白色面包车被人暗中用油漆刷上有"三陪"字样的小广告,而又洗刷不掉。时间一长,便被邻居误解,邻居们以为老穆揽了"新生意",都对他刮目相看。

诊 断

误解词义。上述例1"刮目相看"应改为"另眼相看",例2"刮目相看"也可改为"另眼相看"。"另眼相看"是作横向比较,表示看待某个人不同于一般,或重视或歧视;"刮目相看"则是纵向比较,强调以全新的眼光看待人或事物。

辨 析

"另眼相看"和"刮目相看"都是"看"对方,但"看"法不一样。

"另眼相看"强调的是主观,即"看"者主观态度的改变;而"刮目相看"强调的是客观,即被"看"者本身发生了新的可喜变化。

"另眼"即另外一种眼光;"另",别的、另外。"另眼相看"也作"另眼看待""另眼相待""另眼看觑"等,意思是说用另一种眼光看待,意谓看待某个人不同一般,多表示特别重视。《初刻拍案惊奇》卷八:"不想一见大王,查问来历,我等一一实对,便把我们另眼相看。"也可表示歧视。如周恩来《团结广大人民群众一道前进》:"一听说这个人是党员,是青年团员,就放心了,什么问题也没有了;一听说是非党员非团员,马上就另眼相看。这样来划一个鸿沟是非常危险的。"

"刮目相看"又作"刮目相待",意思就是去掉旧日的看法,改用全新的眼光来看待。简作"刮目",即"拭目",擦干净眼睛,这样就可以看出新的东西。改变旧的看法,一般都是由于对象本身发生了显著的、积极的变化,本来的缺点或不足已经消失了。鲁迅《伪自由书·航空救国三愿》:"只有航空救国较为别致,是应该刮目相看的。"

链 接

"刮目相待"的出典

典出《三国志·吴志·吕蒙传》裴松之注引《江表传》。三国时代东吴的将领吕蒙,是一个英俊之才。周瑜死后,他继任东吴的都督,设计击败了蜀汉的关羽。吕蒙本来是一个不肯用功的人,所以没有什么大学识。鲁肃见了他,觉得没有什么可取的地方。后来,鲁肃再遇见他时,感觉吕蒙和从前完全不同,是那样威武,跟他谈起军事问题来,显得很有见识。鲁肃觉得很惊异,便开玩笑说:"吾谓大弟但有武略耳,至于今者,学识英博,非复吴下阿蒙。"吕蒙答道:"士别三日,即更刮目相待。"

"娈童"真面目

1. 近日有消息称,迈克尔·杰克逊"娈童案"的直接当事人、曾指控杰克逊与其有不当关系的乔迪·钱德勒宣称,他当年是在撒谎,诬告杰克逊只是为了让杰克逊给自己钱。

2. 香港一名患有娈童癖的男教师,今年5月至6月间假扮摄影师,招徕9名11岁至15岁的女童,先后约她们到家中或酒店内"拍摄",其间对这些女童大肆非礼。

望文生义。"娈童"专指被当作女性玩弄的美少年。可把上述两例中的"娈童"改成"狎童"。

"娈",读 luán,是一个历史悠久的汉字,义为美好的样子。《诗·邶风·静女》有"静女其娈,贻我彤管"。训诂学家解释"静女其娈"说:"既有静德,又有美色。"两句诗的大意是,文静的姑娘是那样的俏丽呀,她赠送我一只红色的乐管。"娈"是形容词,《广雅》说"娈,好也"。汉语里,美好的样子叫"娈婉";以色事人的男子叫"娈宠"。

"娈童"出自南朝梁简文帝萧纲的《娈童诗》:"娈童娇丽质,践董复超瑕……""娈童"的字面意思就是漂亮的孩子,但这些漂亮的孩子又是一个特殊的群体,他们是被当作女性玩弄的美男。古代文献中的"娈童"都是这么用的。比如,清纪昀《阅微草堂笔记·滦阳消夏录三》:"有书生嬖(bì,宠幸)一娈童,相爱如夫妇。"姚雪垠《燕辽纪事》:"他对妓女和娈童一类的人向来只作为玩物看待,认为他们是生就的杨花水性,最不可靠。"我国历史上有过两个著名的娈童:一个是弥子瑕,另一个是董贤。

上述例1和例2中的"娈童",用得都不妥,因为从语境分析,其中的"娈"字均被误用来指称"性侵犯、猥亵"等犯罪行为了。例1的"娈童案",误把形容词"娈"当成了动词来用;例2,不但"娈童癖"有问题,而且更重要的是,案件中的9名女童,绝对算不上什么娈童。

链接

董贤、弥子瑕:历史上著名的两个娈童

董贤是西汉御史董恭的儿子,在汉哀帝刘欣还是太子时曾当过太子舍人。董贤"性柔和","善为媚"。汉哀帝即位后,"拜为黄门郎",命他随身侍从,同车而乘,同榻而眠。有一次大白天,君臣二人同枕共眠,董贤枕着哀帝的袖子睡着了。哀帝想起身,却又不忍惊醒董贤,于是随手拔剑割断了衣袖。后人将同性恋称为"断袖之癖",便是源出于此。

弥子瑕的故事见于《韩非子·说难》。他是春秋时卫灵公的男宠,曾备受灵公喜爱。有一次,他吃桃子,感到特别甘甜,只吃了半个,把剩余的一半留下来给灵公吃。灵公说:"子瑕真爱我啊!吃了好口味的东西还想到留给我。"后来,弥子瑕"色衰而爱弛",不再受到宠幸,灵公便改变了想法,说弥子瑕把吃剩的桃子给自己吃是大不敬。

用的是"螺丝",吃的是"螺蛳"

1. 上海交警部门动足脑筋,"螺丝壳里做道场",把三大区域放在一盘棋上考虑,统筹安排,保证了交通的畅行无阻。

2. 中午,饥肠辘辘的我们来到一家龙虾螺丝店大快朵颐。

音同致误。"螺丝"是工业产品,"螺蛳"是动物。两例中的"螺丝",均应为"螺蛳"。

"螺蛳"与"螺丝"读音相同,但含义大不同。"螺蛳"是能吃的水生动物,而"螺丝"则是一种金属零件。

"螺蛳"是偏义词,"蛳"字只是一个音节,没有实在意思,词义偏在"螺"上。螺蛳指一大类软体动物,有硬壳,壳上有旋状纹。旋状纹谓"螺纹",螺蛳即得名于此。饭店里常有"酱爆螺蛳""上汤螺蛳""酸螺蛳汤""韭菜炒螺蛳肉"等菜品。

螺蛳形体一般较小,因而人们常用"螺蛳壳"来比喻局促、狭窄的空间。"螺蛳壳里做道场"就是一句常用的俗语,意谓不畏艰苦,在小的舞台、小的地方也做出一番成绩来。

"螺丝"是口头上的称谓,也叫螺钉、螺丝钉,起连接或固定作用,因为它的金属杆上带有螺纹,故名。"丝"是会意字,从二糸。糸(mì),细丝。"丝"的本义指蚕丝,比喻极细微的东西,如"丝丝两气"(形容呼吸微弱,气息奄奄)、"丝麻线儿"等。因为丝线容易纠缠在一起,因而"丝"又引申指纠缠在一起的东西,如"愁丝百结"。

螺丝形体较小,且又常见,因而常被用来比喻平凡而不可缺少的人或物。比如秦牧《艺海拾贝·核心》:"真正使我们的文艺成为整个无产阶级革命事业的齿轮和螺丝钉。"

链 接

"田螺姑娘"的传说

田螺姑娘的传说,见于《搜神后记》。现转录如下。

晋安帝时,侯官人谢端,少丧父母,无有亲属,为邻人所养。至年十七八,恭谨自守,不履非法。始出居,未有妻,邻人共愍(同"悯")念之,规为娶妇,未得。

端夜卧早起,躬耕力作,不舍昼夜。后于邑下得一大螺,如三升壶。以为异物,取以归,贮瓮中。畜之数日。端每早至野还,见其户中有饭饮汤火,如有人为者。端谓邻人为之惠也。数日如此,便往谢邻人。邻人曰:"吾初不为是,何见谢也?"端又以邻人不喻其意,然数尔如此,后更实问,邻人笑曰:"卿已自取(通"娶")妇,密著室中炊爨,而言吾为之炊耶?"端默然心疑,不知其故。

后以鸡鸣出去,平早潜归,于篱外窃窥其家中,见一少女,从瓮中出,至灶下燃火。端便入门,径至瓮所视螺,但见女。乃到灶下问之曰:"新妇从何所来,而相为炊?"女大惶惑,欲还瓮中,不能得去,答曰:"我天汉中白水素女也。天帝哀卿少孤,恭慎自守,故使我权为守舍炊烹。十年之中,使卿居富得妇,自当还去。而卿无故窃相窥掩,吾形已见(通"现"),不宜复留,当相委去。

虽然,尔后自当少差。勤于田作,渔采治生。留此壳去,以贮米谷,常可不乏。"

端请留,终不肯。时天忽风雨,翕然而去。

端为立神座,时节祭祀。居常饶足,不致大富耳。于是乡人以女妻之。后仕至令长云。

今道中素女祠是也。

次次成功,"屡试不爽"

错 例

1. 赵晓一直想在《新安晚报》上留几个铅字,但由于水平太差,屡试不爽。

2. 他最近的状态一直不佳,接连几次考试都挂红灯,屡试不爽弄得他心情糟透了。

诊 断

误解词义。"屡试不爽"是说每次尝试都成功,上述两例把它误解成了屡次尝试都没有成功。

辨 析

掌握这个成语,关键是对其中"爽"字要有正确理解。《说文》解释说"爽"是一个会意字:"爽,明也。从㸚从大。"训诂学家解释说:"大,其中隙缝光也。"本义是缝隙中透过来的光亮。汉字中其实有两个"爽"字,即爽[1]和爽[2],它们是同形字(分头为不同的词造的、字形偶然相同的字)。

"爽[1]"的意思是直接从本义引申出来的,具体又有三个用法:①明朗、清亮,如"神清目爽""秋高气爽";②性格爽直、痛快,如"豪爽""直爽";③舒服、畅快,如"人逢喜事精神爽"。

"爽[2]"的意思是从"光线由缝隙中走漏"这一意思引申出来的,即违背、差失。比如,失约就叫"爽约",一点误差都没有叫"毫厘不爽"。"屡试不爽"中的"爽",就是"爽[2]"。成语的正确理解是,屡次试验都不错。比如,《新华日报》2009 年 8 月 22 日:

"由于'绑车讨薪''跳楼讨薪'极具新闻性,容易赢得媒体'眼球'和舆论声援,因而经常得手。但同类行为多了,新闻的'边际效益'弱了,'剑走偏锋'就未必能屡试不爽。"不能把"屡试不爽"理解为"多次没有成功""屡试不中"。

链接

考 考 你

下列各项中,画底线的成语使用恰当的一项是(　　)。

A. 即使相隔数年之后的师生聚会,师生间也仍有<u>一见如故</u>的惊讶和唏嘘。

B. 人类活动排放了大量的温室气体,导致全球变暖,如果南极大陆<u>涣然冰释</u>,那么许多岛国将会因此而失去生存的家园。

C. "众人挡风力量强,如果大家都能<u>明哲保身</u>,何愁风气不正?"正是基于这一认识,于永初不仅自己做到洁身自好,而且十分注意教育引导"一班人"清正廉洁。

D. 月下独啸的孤狼至今仍然被作为一个经典的恐怖形象出现在惊悚电影中,成为营造气氛和赚取尖叫的有效道具,<u>屡试不爽</u>。

正确答案是 D。A 项,"一见如故"是说以前双方从未见过,不合语境;B 项,"涣然冰释"是一个比喻,说某一现象像冰融化一样很快地消失,句中比喻的本体和喻体是同一类事物,不成立;C 项,"明哲保身"带有贬义,不合语境。

"绿茵"的"茵",你理解吗

错 例

1. 神秘的大漠,巍峨的雪山,绿茵如毯的草原,魅力无穷的歌舞……新疆真是个好地方!

2. 规划有致的一片片绿茵草地上,小桥流水、鱼儿欢游,吸引着行人的眼球,让人好似置身于世外桃源。

诊 断

误解词义。"绿茵"本义是指绿色的毯子,比喻引申指绿草地。例1"绿茵如毯"等于是说毯子像毯子,显然说不通,因为二重比喻后,喻体撞车。例2"绿茵"与"草地"语义重复,可删其一。

辨 析

"茵"是"因"的后起分化字,本指古代车上的垫子,《说文》解释说"车重席也"。引申指一般的衬垫、褥子。如《汉书·丙吉传》:"此不过污丞相车茵耳。"古人注释说:"茵,蓐也。"床上的垫子称"茵褥";草席、褥垫称"茵席"。上述例1想表达的意思是,绿茸茸的青草就像厚厚的毯子一样。这一意思正确的说法是"绿草如茵"。

"绿茵"就是绿草地,是通过比喻造词而产生的。如,"看着这清风伴着白云、绿茵野花伴着牛羊的美丽景色,我有一种如释重负的感觉。"(搜狐网,2009-07-13)现在"绿茵"最常见的用法是借指足球运动,足球场地就被称为"绿茵场"。比如,"前哥伦

比亚前锋 46 岁复出　退役 10 年绿茵场再征战。"（新华网，
2009-07-23）

链 接

古 今 字

　　"因"是一个象形字。"因"和"茵"是古今字的关系。由于
古代一字写多词，影响了书面交际，后世为了加以区别，让使用
频率高的常用词占据原形，给不常用的词另造新字。原来的字
称为"古字""母字"，后起的字称为"今字""分化字"。比如，
"昏莫"的"莫"，其字从日从茻，指日落的时候。因为日落之后，
夜幕降临，世间万物都隐没于黑暗之中，世上仿佛一切都没有
了，于是"莫"又引申指"没有什么，没有谁"。因为"莫"一词多
义（或云一字写多词），书面交际易生淆乱，后人就让常用义"没
有什么，没有谁"占据原形，而为"莫"的本义"日落的时候"另造
一从日、莫声的形声字"暮"。"暮"称今字。"莫"则是它相对的
古字。

　　今字的构造法有多种：有的以古字为声符而增加形符，如
"然—燃、卒—猝、要—腰"等；有的以古字为形符而增加声符，如
"自—鼻"等；也有在古字的基础上改变形符的，如"说—悦、
赴—讣、没—殁"等；更有少数另起炉灶，完全不顾古字字形的，
如"阳—佯"等。

"麻子"与"雀斑"

1. 比如麻婆豆腐,就是一脸麻子(雀斑)的女人做的豆腐;四喜丸子,四个高兴的肉团……

2. "雀斑妆"英国蹿红,满脸麻子才够萌!

混淆词义。麻子,人出天花后留下的疤痕,也指脸上有麻子的人。雀斑,面部出现的黄褐色或黑褐色的小斑点,患者多为女性。上述两例均把两词混用:错例 1 把两个词语混为一谈,错例 2"麻子"实指雀斑。

麻子和雀斑,都是皮肤问题,但病因和症状均不相同,不能混用。

麻子,是出天花后留下的瘢痕。天花,是天花病毒感染引起的一种急性传染病,经呼吸道黏膜侵入人体,通过飞沫吸入或直接接触而传染。主要症状为寒战、高热、乏力、头痛、四肢及腰背部酸痛,而后皮肤成批依次出现斑疹、丘疹、疱疹、脓疱,最后结痂、脱痂,遗留痘疤(俗称"麻子")。雀斑,是人体表皮所生的褐色细点,是染色体显性遗传病,激素异常、日晒、怀孕等原因可诱发。

麻子和雀斑,前者是天花病毒感染留下的后遗症,是凹陷的疤痕;后者是内分泌失调、阳光照射、体内毒素积攒等原因诱发的遗传性皮肤病,是褐色的针头至黄豆大小的斑点。把"麻子"和"雀斑"混用,是不符常识的。

链接

没有疫苗的清代,是如何与天花斗争的?

天花,在我国古代又称痘疫、痘疾、痘疹、痘疮,或简称痘、疹,乃外域传入,宋元以后为害尤为惨烈。据《圣祖仁皇帝庭训格言》记载,康熙在其晚年曾说:"朕幼年时未经出痘,令保母护视于紫禁城外,父母膝下未得一日承欢,此朕六十年来抱歉之处。"从中可以看出,康熙幼年由于天花出宫避痘,长期得不到父母之爱。

民间种痘法,最早起源于明朝隆庆年间。一般有两种方法,旱苗法和水苗法。旱苗法,就是取天花者的痘痂研成细末,加上樟脑冰片等吹入种痘者鼻中;水苗法,就是将患者痘痂加入人乳或水,用棉签蘸上,塞入种痘者的鼻中。这两种方法的大概思路都是让种痘的人先患上轻度的天花,出过疹子后精心护理,直至病症消失,就相当于已经得过天花了。

康熙十七年(1678)十一月,五岁的二阿哥皇太子胤礽被传染天花,当时有个候选知县叫傅为格,在侍奉皇太子、调理治痘方面很有成绩,被升为武昌通判。此时康熙帝了解到,小孩种痘可免遭此病,便下令调善于此术的傅为格入京,专门给尚未出过天花的皇子种痘。在康熙的倡导推动之下,清朝天花防治开始走向科学化与系统化的道路。他在太医院下专门设立了痘诊科,并在普天之下广征名医。北京城内还设有专门的"查痘章京",负责八旗防痘事宜。

　　除了种痘苗,康熙皇帝也曾经采取过一些传统的方法。比较著名的就是避暑山庄的选择,以及蒙古部落首领围班制度的建立。康熙十六年(1677),他出巡塞北,途经热河,发现了比较适合避暑的地方,于是建立起了避暑避痘的行宫。之后,按康熙皇帝的规定,没有出过天花的蒙、藏、回、维等上层贵族,可在九月的时候随皇帝围场秋狩,此时就可以觐见皇帝了。秋天的热河天高气爽,避开了痘症的高发期,比较适合接见各少数民族的贵族。

　　清朝统治者一直在与天花进行斗争,但始终没有百分百的把握。天花病毒一直到20世纪中后期才得到有效的遏制,终于被消灭。

"满洲"异于"满洲里"

1. 日本关东军在 1932 年第十届奥运会开幕前的一年占领了满洲里,建立了傀儡政权满洲国。

2. 满洲位于内蒙古呼伦贝尔大草原的腹地,东依兴安岭,南濒呼伦湖,西邻蒙古国,北接俄罗斯,是我国最大的沿边陆路口岸。

诊 断

文史知识欠缺导致的差错。例 1,"满洲里"应改为"满洲",因为"1932 年第十届奥运会开幕前的一年"是 1931 年,其时日军尚未占领满洲里这座城市。例 2,"满洲"应改为"满洲里"。

辨 析

在汉语中,"满洲"和"满洲里"是两个不同的概念。

"满洲"具有地理名称和民族名称的双重含义。在地理意义上,通常指今天的辽宁、吉林和黑龙江三省全境,再加上内蒙古东北部的地区(即东四盟)及外兴安岭以南(包括库页岛)。根据史料,后金天聪九年(1635)十月,爱新觉罗·皇太极废除女真的旧称,将族名定为"满洲"。在通古斯—满语中,"满洲"的意思是"吉祥、幸福、平安的土地"。从 1635 年到 1911 年,"满洲"一直是一个地域和民族的双重称谓。

在汉族民间,则通称东北这片土地为"关东"。辛亥革命以后,满洲民族定名为"满族",山海关以外的领土称为"东北"或"东三省"。但在日、俄等邻国,以及西方一些国家,仍有人用

"满洲"这一称谓。1932年至1945年,日本在这里扶植成立了"满洲国",此后便有更多的外国人用"满洲"来指称这片地域,一直延续至今。

"满洲里"则是一个城市名,在今内蒙古自治区的北部,与俄罗斯接壤。此地原名"霍勒津布拉格",蒙古语,意思是旺盛的泉水。1901年俄罗斯在我国东北境内修建的东清铁路西线竣工,将边境第一站定名为"满洲里"。满洲里是我国东北的一座边境城市,显然不能用来指称东北全境。

有一点还需要提醒读者诸君:"满洲""满洲里"的"洲",不要写成"州"。作为行政区划名,我国现今市县以上的地名中,用"洲"字的有内蒙古的满洲里市、湖南的株洲市等。

链接

"满洲里事件"始末

"九一八"事变后,日本侵略者逐渐占领了中国东北全境。1932年9月27日,日本侵略军命令驻扎在满洲里站区的中国军队逮捕和监禁无辜的中朝居民600余人,遭到中国军队的严词拒绝。11月29日,日军紧急调集关东军第14师团及索伦支队向中国驻军发起进攻。哈满护路军司令苏炳文率领中国军队在富拉尔基、碾子山一带进行了顽强抗击,终因势单力薄且无援军,被迫撤至苏联境内。撤至境外的计有中国护路军及驻满洲里站区的官兵2890人、满洲里站区铁路员工200余人、民众900余人。随后,日军侵占了满洲里城及满洲里站。这次事件在历史上被称为"满洲里事件"。从此,满洲里站完全陷入日本侵略者的统治之中。

"面世"与"面市"

错例

1. 据报道，经过剧组全班人马两年多的努力，一部反映西部崛起的电视剧力作《西部重生》即将面市。

2. 大陆消费者翘首以待的海外顶级奢侈品"第一女鞋"，将在不久之后正式展开促销活动。第一批面世的第一女鞋销售价为5000元，其中包括一组极为特别的纯金饰扣女鞋。

诊断

弄混了"面世"与"面市"的区别。例1强调的是电视剧的问世，而不是销售问题，因而"面市"应该改为"面世"；例2强调的是"第一女鞋"的可供销售这一信息，故"面世"应改为"面市"。

辨析

"面世"与"面市"的使用，既有共通的地方，也有明确的区别。

首先，强调的焦点不一样。"面世"的"世"，指世人，词义为作品、产品与世人见面、呈现于世间，强调从无到有的"首次出现"。近义词是"问世"。何香凝《回忆孙中山与廖仲恺》："在火烧总统府的时候，孙先生所著有关革命的书籍和手稿，很多都被烧毁或散失了……孙先生这一部分论著，就此不能面世，万分可惜。"而"面市"的"市"，指市场，词义为产品投放市场，同消费者见面，强调的是产品开始供应市场、可供销售这一信息。

107

第二,陈述的对象也有区别。"面世"多指精神文化产品;即使是物质产品,也多为科技(精神文化)含量较高者,而且是指首次投放市场的产品。例如《人民日报》1988 年 5 月 10 日:"消除'电子烟雾'污染,新型低辐射热合机面世。""面市"则不分是精神产品还是物质产品,也不分是首次投放还是再次投放。

另外,"面世"了的新产品,或许还没投放市场,因而不一定能马上成批地买到;而"面市"的新产品,则是开始供应市场了,可以大量购买。

链 接

"应市"与"面市"

"应市"与"面市",都有把产品推上市场销售的意思,但一个是"应",一个是"面",各有侧重。

"应市"的"应",是顺应、适应的意思。词语的意思为适应市场的需要而上市出售。比如,"春节前后 15 万吨水果应市,节日中价格不会大涨。"该词经常出现在消费需求一类的语境中。

"面市"的"面",是见面的意思,字面意思就是让商品与市场见面,强调的是商品的可供销售。比如,"近期,滨海地区的水果批发、零售市场也是相当火爆,一些新面市的水果由于其新鲜感成为顾客的选择。"

碑文不称"墓志铭"

1. 一天,一位漂亮的姑娘玛丽在公墓中看到从白朗施·福尔伯爵夫人墓上掉下的一块墓志,上面还刻着一些奇特的铭文。令人感到不可思议的是,墓志铭上的文字竟与羊皮纸上的文字极为一致。

2. 中山陵建成之后,碑亭虽有,却没有墓志铭。不得已而将"天下为公"四字刻于亭中以代之。

诊 断

缺乏文史常识导致的错误。误把"碑文"当作了"墓志铭"。上述例1可把"墓志铭"改为"墓碑",例2可把"墓志铭"改为"碑铭"。

辨 析

"墓志",是指放在墓里刻有死者生平事迹的石刻,也指墓志上的文字。有的墓志中有韵语结尾的铭,也叫"墓志铭"。现今传世的历代墓志铭,都属于出土文物。

墓志铭是中国古代一种悼念性的文体。明徐师曾《文体明辨序说·墓志铭》:"至论其题,则有曰墓志铭,有志有铭是也。"埋葬死者时,刻在石上,埋于坟里。一般由"志"和"铭"两部分组成。"志"多用散文撰写,叙述死者的姓名、籍贯、生平事略;"铭"则用韵文概括全篇,赞颂死者的功业成就,表示悼念和安慰。但也有只有"志"或只有"铭"的。

墓志铭是特定文化背景的产物。为亡者树碑立传的风俗起于汉代,碑文大多极尽歌功颂德、阿谀奉承之词。曹魏时,曹操倡导废奢华改葬俗,禁立碑石,两晋因循此令。但为亡者评功摆好业已成俗,于是改竖碑于地上为刻埋志铭。清赵翼《陔馀丛考·碑表志铭之别》:"宋湘东王作墓志铭,藏于圹(kuàng,墓穴)内。"另外,墓志与棺椁一同埋入地下也有防盗作用。禁碑令废止后,墓志铭仍大行其道,隋唐时盛极一时。比如,韩愈撰写的《柳子厚墓志铭》,公允持平,文采飞扬。近代以来,西式葬法逐渐推行,碑、墓合一的制度日渐流行。新中国成立后,丧事从简,并推行火葬,墓志铭失去了物质载体,基本上退出了历史舞台。

现今的误用者,大都因为不明白墓志铭是放在墓里的,墓外的人是根本看不到的,而把地面上的墓碑以及碑文错作了"墓志铭"。

碑文,是指刻在竖石上的文字。这种文字专为刻碑而作。篇末加韵语的碑文,应称"碑铭"。

链 接

西方名人碑文撷英

古希腊大数学家刁藩都的碑文:"过路人,这里埋葬着刁藩都的骨灰,下面的数字可以告诉你,他的一生有多长。他生命的六分之一是愉快的童年。在他生命的十二分之一,他的面颊上长了细细的胡须。如此,又过了一生的七分之一,他结了婚。婚后五年,他获得了第一个孩子,感到很幸福。可是命运给这个孩子在世界上的光辉灿烂的生命,只有他父亲的一半。自从儿子死后,他在深切的悲痛中活了四年,也结束了尘世的生涯。"

爱尔兰诗人叶慈的碑文是他去世前夕写的一首诗的最后十七个字:"对人生,对死亡,给予冷然之一瞥,骑士驰过。"

英国大文豪萧伯纳的碑文:"我早就知道无论我活多久,这种事情还是一定会发生。"

法国作家卢梭的碑文:"睡在这里的是一个热爱自然和真理的人。"

意大利画家拉斐尔的碑文:"活着,大自然害怕他会胜过自己的工作;死了,它又害怕自己也会死亡。"

"目无全牛"技艺高

1. 个人利益要服从集体利益,局部利益要服从整体利益。不能目无全牛,本末倒置。

2. 不少语文老师上课就是以一连串的问与答贯串教学始终,缺乏知识的系统性。长此以往,学生自然是目无全牛了。

诊 断

望文生义。"目无全牛"是一个褒义词,是说技艺高超。上述两例把它误解为不能整体把握,缺乏整体观念。均可改为"主次不分"。

辨 析

"全牛":整个一头牛。"目无全牛",义为解剖牛时,看到的是牛各个相连部分的空隙,眼中没有完整的牛。形容对于事物各个组成部分的关系都了如指掌,处理起来极其熟练。

语本《庄子·养生主》:"始臣之解牛之时,所见无非牛者;三年之后,未尝见全牛也。"意思是说,庖丁我初宰牛时,所见的是整个牛的身体;几年之后,已熟悉牛体结构,宰牛时,眼力完全集中于骨骼间隙之间,已不再注意牛的外形。后用来比喻技术熟练到了得心应手的境地,或指谋划高明。比如,清宣鼎《夜雨秋灯录续集·小癫子》:"所谓精者,如承丈人之蜩(tiáo,古书上指蝉),如运郢人之斧,如射甘蝇(甘蝇是古代擅长射箭的人。他拉上满弓还未发射,鸟兽便都吓得趴下了)之箭。胸有成竹,目无全牛。"大意是说，所谓精湛的技巧，应该像承蜩丈人灵巧地捕蝉一样，像郢人精确地挥舞手中的斧头一样，像甘蝇神妙地射箭一样，胸有成竹，得心应手。又如，谢觉哉《不惑集·目无全牛》："我们称赞人会办事，常说他'目无全牛'。意思就是说他碰到一件事，能分析它的来踪去迹，然后决定用何方法，从何下手。"

掌握"目无全牛"，可以注意它的几个近义词——鬼斧神工、出神入化等。"鬼斧神工"，意思是像鬼神制作出来的，形容艺术技巧高超，不是人力所能达到的。"出神入化"，形容技艺达到了极其高超的境界。它们的区别是："目无全牛"说的是人的技艺，赞美的对象是人；而其他两个成语则既可用于称赏作品，也可用于赞美制作的人。

链接

"目无××"格式的几个词语

目无三尺　不把法制放在眼里。形容违法乱纪，胡作非为。"三尺"，指法律。古代把法律写在三尺长的竹简上，故称。

目无下尘　眼睛不朝下看。形容态度高傲。"下尘"，即下风，比喻比自己地位、名望低下的人。

目无余子　亦作"余子碌碌"。眼里没有其他的人。形容狂妄自大，看不起别人。"余子"，指其余的人；"碌碌"，平庸。

自相矛盾的"南辕北辙"

1. 考查一下"过年"的出典,便会发现与"感恩说"南辕北辙。传说古时候,有一种猛兽名为"年",每年只在腊月三十晚出现,欺男霸女,无恶不作。人们在这一天闭门不出,也不敢睡觉,要等到天亮,确定平安无事才会出去。能躲过此劫,便是过了年。由此看来,"过年"的习俗与感恩无关,却和避难关系密切。

2. 今年以来,A股市场反弹幅度已超过30%,未来市场还会继续反弹吗? A股的投资机会在哪里? 媒体上经济学家与基金经理各执一端、南辕北辙的观点,令广大中小投资者无所适从。

诊 断

误解词义。"南辕北辙"是说一个人的行为与其目的相反、相背离。例1将"南辕北辙"误当成两者不相关、不搭界这一意思来用,可改为"没有瓜葛"。例2又将"南辕北辙"误解成不一致的意思,可改为"互相冲突"。

辨 析

"辕",车前驾牲口的两根直木;"辙",车轮滚压出的痕迹,借指道路。"南辕北辙"的意思就是,车头朝南,却要使车轮留下的痕迹往北。喻指所采取的行动和要达到的目的正好相反。语本《战国策·魏策四》:"犹(从魏国)至楚而北行也。"(大王的做法)就像一个人要到南方的楚国去,却将车驾往北赶一样。这是"南辕北辙"最主要的用法。例如茅盾《杂谈文艺现象》:"如果一方面盼望有功于'世道人心'的文艺,而同时又不许文艺作品带着强心和清泻的药品,这何异南辕北辙?"

"南辕北辙"在汉语中是一个高频成语,然而也经常被误用。上述两例就是典型的两大误用类型。把握好这个成语,关键一点是:当指人的行动与目的矛盾时,目的(南辕)和行动(北辙)的语义主体必须是同一个。例2中的"经济学家"与"基金经理"是两个不同的主体,说他们观点相互矛盾,不能用"南辕北辙"。

"南辕北辙"偶尔也指方向相反的路程或分别处于不同的地方。清赵翼《上元后三日芷堂过访草堂,次日梦楼亦至,喜而有作》诗之一:"鹊噪晴檐信有因,南辕北辙聚兹晨。"原注:"芷堂自云间来,梦楼自京口至。"

链接

"南辕北辙"典源

魏王欲攻邯郸,季梁闻之,中道而反,衣焦不申,头尘不去,往见王曰:"今者臣来,见人于大行(大路),方北面而持其驾,告臣曰:'我欲之楚。'臣曰:'君之楚,将奚为北面?'曰:'吾马良。'臣曰:'马虽良,此非楚之路也。'曰:'吾用(川资)多。'臣曰:'用虽多,此非楚之路也。'曰:'吾御者善。'此数者愈善,而离楚愈远耳。今王动欲成霸王,举欲信于天下。恃王国之大,兵之精锐,而攻邯郸,以广地尊名,王之动愈数,而离王(wàng,称霸)愈远耳。犹至楚而北行也。"(《战国策·魏策四》)

"皤然"白发,"幡然"醒悟

1. 二十七岁的时候,他终于皤然悔悟,终日端坐,奋发力学,不再出游。

2. 一时糊涂,占道经营还打执法人员　皤然醒悟,店主上门赔礼又赔药费(新闻标题)

形近致误。"皤然"是说头发花白,不合上述例句语境。例1和例2的"皤然",均应改为"幡然"。

"皤然"说的是头发颜色变白了;"幡然"说的是一下子彻底地(改变),多指悔过。

"皤",读音为pó,是一个形声字,从白,番声,义为"白貌",多指须发。《南史·范缜传》:"年二十九,发白皤然,乃作《伤春诗》《白发咏》以自嗟。""皤然老翁"意思指须发花白的老头儿。夏衍《掌声与哀声》:"不知皤然此老听到他同党们拍掌声的时候,也曾听过海德公园中千万人民怒吼之声否?"

"幡",读音为fān,形声字,从巾,番声,本义为垂直悬挂的窄长的旗帜。"幡儿"即"引魂幡",是指旧俗出殡时举的窄长像幡的东西,多用白纸剪成。"幡"又可以通"翻","幡然"即"翻然",意思就是很快地彻底地(改变),如"幡然改进""幡然悔悟"。鲁迅《而已集·"公理"之所在》:"问问你们所自称为'现代派'者,今年可曾幡然变计,另外运动,收受了新的战胜者的津贴没有?"

链 接

一道高考真题(2007年浙江卷,有改动)

下列各句中画底线的词语中没有错别字的一项是(　　)。

A. 孤独,荡涤人的矫饰和浮躁;孤独,诠释人的淳朴和淡泊;孤独,凝聚人的内涵和睿智;孤独,提升人的品位和境界。

B. 利害攸关而实话实说,连遇强手而毫不怯懦,检点省察而幡然知耻,路见不平而拔刀相助:这就是勇敢。

C. 傅雷先生耻于蝇利蜗名之争,奋而辞职,闭门译述,翻译艺术日臻完美,终以卷帙浩繁的译著,享誉学界。

D.《古文观止》是由康熙年间两位名不见经传的选家所编,他们披沙捡金,遴选了二百多篇朗朗上口、百读不厌的佳作。

答案是A。B项,"蟠然"应为"幡然";C项,"奋而辞职"的"奋"应为"愤";D项,"披沙捡金"的"捡"应为"拣"。

口吃的人"期期艾艾"

1. 现在,经济危机临头,终于期期艾艾:当初何必要造那么大的房子,买那么大的汽车,多花那么多暖气费和汽油费?

2. 每次想起父亲生命中最后的那段时光,就无法忘记父亲望着我们的眼神。那期期艾艾的眼神,分明是在等待我们的发落。我终于意识到了,父亲其实不过是个弱者。

诊 断

误解词义。上述例句作者将"期期艾艾"当作悔恨、自怨自艾一类的意思来用了。

辨 析

"期期艾艾"是形容口吃的人吐辞重复、说话不流利的。"期期"与"艾艾"原本各有出典,含义都与口吃有关。

"期期"语本《史记·张丞相列传》。当时刘邦想废太子,改立戚姬生的如意为太子。废长立幼是违反皇室继承制度的,御史大夫周昌极力反对。"昌为人口吃,又盛怒,曰:'臣口不能言,然臣期期知其不可;陛下虽欲废太子,臣期期不奉诏。'"这里的"期",通"綦"(qí),意思是极端、很。张守节解释说:"昌以口吃,故每语重言'期期'也。"《朱子语类》进一步解释说:"先生曰'期',极也。古人用'期'字,多作'极'字。周昌云:心期期知其不可。一言'极知其不可'。口吃,故重一字也。"后因以"期期"形容口吃结巴貌。

"艾艾",语本《世说新语·言语》:"邓艾口吃,语称艾艾。"晋文王司马昭和他开玩笑说:"卿云'艾艾',定是几'艾'?"邓艾回答:"凤兮凤兮,故是一凤。"这里,邓艾巧妙地运用了一个典故。(陆通,字接舆,是春秋时的楚国人,佯狂避世。有一次,他迎着孔子的车马,高声唱道:"凤兮凤兮! 何德之衰? 往者不可谏,来者犹可追……"孔子听到后,觉得陆通这人了不得,于是下车想跟他交谈。谁知陆通却理都不理,大摇大摆地走了。)后来,人们谑称口吃言讷为"艾艾"。

"期期"和"艾艾"合在一起,组成一个成语,还是表示口吃这一意思。杨沫《青春之歌》第一部第十四章:"平日这欢腾的爱笑爱闹的小伙子,变得期期艾艾地说不上话来。"

链 接

"艾" 字 两 读

"艾"字有两个不同的读音,相应的用法也不一样。

一读 ài,本是一种植物,又名艾蒿。端午节采艾浸酒,饮之以驱邪,谓之"艾酒"。捣干艾叶而成的绒状物,叫"艾绒",中医用来灸病。引申指美好、美貌、美女等义。《孟子·万章上》:"人少则慕父母,知好色则慕少艾。"

一读 yì,做通假字用,既可以通"刈"(yì,斩除、收割),也可以通"乂"(治理、安宁)。成语"自怨自艾"中的"艾",通"刈",义为去除、改正。

邓艾,字士载,三国魏人。小时候是个放牛娃,每遇到山岭险地,他都要指指点点,研究怎样排兵布阵,别人看了都笑话他! 在颍川时,看到陈寔的碑文上有"文为世范,行为士则"

的句子,便自己取名"邓范",字"士则"。后来听说宗族中已经有个叫"邓范"的,于是改名"邓艾",字"士载"。根据古人名、字相通的原则,"邓艾"的"艾"应该读 ài。邓艾后来官至魏征西将军。

挖的只能是"墙脚"

1. 酒店相互挖"墙角"肥了大厨师(新闻标题)

2. 有人会问,员工跳槽之后,当事公司会做出什么样的反应呢? 我们看到的不是各个公司对自身人力资源规划的反省,而是两个当事公司大打口水战。一个诉苦,称对方没有行业道德,竟然做挖墙角的事情;另一个辩称,这是人才的自由流动。

诊 断

音同致误。挖走对方单位的骨干人才,给对方事业造成严重的影响,这可以比喻成"挖墙脚",即拆台。而在现代汉语中,根本就没有"挖墙角"这一说法。上述例句里的"墙角",均该改为"墙脚"。

辨 析

"墙角"与"墙脚",读音相同,含义不一样。

"角",物体边沿相接的地方;"墙角",指两堵墙相接而形成的凹角或其近处。冰心《春水》三三:"墙角的花! 你孤芳自赏时,天地便小了。"

"脚",本谓人和某些动物身体最下部接触地面的肢体,引申指最下部;"墙脚",即墙根,是支撑整幢建筑的基础部分,比喻根本、根据、基本原则、事物赖以建立的基础等。毛泽东《湖南农民运动考察报告》:"宗法封建性的土豪劣绅,不法地主阶级,是几千年专制政治的基础,帝国主义、军阀、贪官污吏的墙脚。"

"挖墙脚"是一种常见的说法,比喻一种极其危险的破坏行为,该行为会从根本上损害别人。"挖墙角"虽然也会对建筑物产生影响,但一般来说不是致命的;只有"挖墙脚"才会产生整体颠覆作用。毛泽东《统一战线中的独立自主问题》:"彼此不挖墙脚,彼此不在对方党政军内组织秘密支部。"

上面两个错例,说的都是挖走对方重要人才的做法,因此,把"挖墙角"改成"挖墙脚",才符合表达意图。

链 接

"挖"字组成的词语

"挖"字是一个常见的动词,意思就是掘、掏、抓。汉语中由"挖"组成的语词,可以说是丰富多彩、生动形象。什么都能"挖",具象的"挖",抽象的也"挖"。这里试举几例。

挖心 掏心。形容痛心、痛苦。

挖耳当招 当,音 dàng。见别人举手挖耳,误以为在招呼自己。比喻由期待过切而产生的误会。

挖肉补疮 比喻只顾解决眼前问题而用有害的方法来救急。

挖年 明清时吏部对选人(唐代称候补、候选的官员,后沿用之)按年次铨选。挖年谓选人在年限上找门路,使能提前参加补选。

挖东墙补西墙 挖这里的去补那里。比喻勉强应付。

挖窖 挖掘窖藏。旧俗作为农历元旦迟起的代词,以示彩头。

"巧夺天工"赞的是人工

1. 来无锡旅游的人们,面对太湖的水色山光,又焉能不为大自然巧夺天工的造化所惊叹呢!

2. 大自然给予陕南的又一礼物——蜡烛山,风景奇特。此山方圆数十里,密林幽谷,奇山秀水,真的是巧夺天工。

误解词义。"巧夺天工"只能用来赞美人类的劳动创作,而不能用来描绘大自然的景物。上述例句均可改为"鬼斧神工"。

"巧夺天工"和"鬼斧神工"虽都是赞叹之辞,但适用的语境有差别。

在强调技艺精巧高超的程度上,"巧夺天工"侧重比较,指人工胜过天然,而"鬼斧神工"侧重指非人力所能做到。

"巧夺天工"语本元人赵孟頫《赠放烟火者》诗:"人间巧艺夺天工,炼药燃灯清昼同。""夺",压倒、胜过;"天工",大自然的技艺。成语义为人工之精巧胜过天然。显然,在言语表达中,"巧夺天工"的陈述对象应该是人的技艺和作品,而非天然固有的景致。比如,孙中山《民权主义》:"许多新发明,真是巧夺天工,是我们梦想不到的。"

"鬼斧神工",形容技能精巧,非人工所能,既可用来赞美人的技艺,也可用来表示对大自然神奇造化的惊叹。秦牧《艺海拾贝·酷肖》:"这个小故事我想不是无稽的,因为世间的确有许多'功参造化''鬼斧神工'的巧匠。"又如,"广东丹霞山有着神奇瑰丽的丹霞地貌,逶迤飘逸的锦水飞泉,梦幻迷离的仙山琼阁……是世界地质地貌景观中的瑰宝,是大自然鬼斧神工的杰作。特别是丹霞山的阳元石与阴元石更加神奇,大自然的杰作出奇得让人不敢相信又不能不信。"(广东侨讯网,2003-12-22)

链接

一道全国高考语文试题

下列句子中,画线的成语使用不恰当的一句是(　　)。

A. 翘首西望,海面托着的就是披着银发的苍山。苍山如屏,洱海如镜,真是<u>巧夺天工</u>。

B. 虽然没有名角亲自传授指点,但他长年在戏园子里做事,<u>耳濡目染</u>,各种戏路子都熟悉了。

C. 每当夜幕降临,饭店里<u>灯红酒绿</u>,热闹非常。

D. 高县长说:"全县就你一个人当上了全国劳模,无论怎么说也是<u>凤毛麟角</u>了!"

解析:不正确的一项为 A,句中的"苍山""洱海"本来就是"天然"之物,"巧夺天工"用错了对象;B 项,"耳濡目染"是说耳听眼见中不知不觉地受到了影响,在此使用正确;C 项,"灯红酒绿"往往作贬义用,但它还有一个不常用的本义——热闹非凡,用来描写人们尽情欢乐的景象,在此用它的本义,是正确的;D 项,"凤毛麟角"比喻罕见而珍贵的人才或事物,使用正确。

"请君入瓮"非诈骗

1. 其实,关于圆明园铜兽首的拍卖,不过是一次请君入瓮,明显是面向中国政府和民间的拍卖,其价格炒高意图异常明显。没有真正的私人藏家想要花大价钱来竞拍这些烫手山芋。

2. 22 条"潜规则"请君入瓮(新闻标题。内容是介绍商家坑蒙消费者的 22 种伎俩)

误解词义。"请君入瓮"并没有诈骗、诱骗之义。上述两例均把"请君入瓮"当成"让人受骗"的意思了。

"瓮"是一种陶制的盛器。"请君入瓮",比喻用某人整治别人的办法来整治他自己。语本《资治通鉴·唐则天皇后天授二年》:"或告文昌右丞周兴与丘神勣(jì)通谋,太后命来俊臣鞫(jū,审问)之,俊臣与兴方推事对食,谓兴曰:'囚多不承,当为何法?'兴曰:'此甚易尔!取大瓮,以炭四周炙之,令囚入中,何事不承!'俊臣乃索大瓮,火围如兴法,因起谓兴曰:'有内状推兄,请兄入此瓮。'兴惶恐叩头伏罪。"武则天命令来俊臣审问周兴,周兴还不知道。来俊臣假意问周兴:"犯人不肯认罪怎么办?"周兴说:"你找一个大瓮,四周用炭火烤热,再让犯人进到瓮里。你想想,还有什么犯人不招供呢?"来俊臣随即命人抬来一口大瓮,按周兴说的那样,在四周点上炭火,然后回头对周兴说:"宫里有人密告你谋反,上边命我严查。对不起,现在就请老兄自己钻进瓮里吧。"周兴一听,手里的酒杯"啪哒"掉在地上,跟着又"扑通"一声跪倒在地,磕头认罪。后因以"请君入瓮"喻指以其人之道,还治其人之身。例如,清蒲松龄《聊斋志异·席方平》:"当掬西江之水,为尔涮肠;即烧东壁之床,请君入瓮。"

常见的错误是,把"请君入瓮"当作欺骗义来用。

链接

"天下英雄入吾彀中矣!"

汉语里表示"设计圈套让人钻"这个意思,有一个词语叫"入彀"。"彀",读 gòu,原指射箭能射及的范围,后多用来比喻牢笼、圈套。"入彀",就是进入圈套。语本《唐摭言·述进士》。唐太宗在端门看见新考中的进士鱼贯而出,高兴地说:"天下英雄入吾彀中矣!"这句话就是说:天下的有为青年,都已进入了我的圈套了!李世民是唐代开国元勋,善用权谋。他发现科举制度可以用来笼络众多的天下英才,故而发出这样的感慨。

值得注意的是,"入彀"一般用在那些并不光明磊落的事上。举凡运用笼络手段,设下各种圈套而达到欺骗的目的时,都可说是"入吾彀中"。

"逡巡"不是逍遥游

错 例

1. 国庆长假的第一天,我们逡巡在九寨沟迷人的山路上,被眼前的美丽景色深深打动,仿佛进入了仙境。

2. 现在推出的07款新车型,以全新的驾乘体验逡巡于都市与山水间,成为都市人士追求舒适与越野生活的经典车型。

诊 断

误解词义。"逡巡"不是优游、逍遥游,而是有所顾虑而徘徊不前或退却。上述两例中的"逡巡",均可改为"徜徉"。

辨 析

"逡",读音为qūn,有两个义项。一是表示退却、退让。《玉篇》:"退也,郤(却)也。"《集韵》:"逡巡,行不进也。"《汉书·公孙弘传》:"有功者上,无功者下,则群臣逡。"二是表示往复。《说文》:"逡,复也。"徐灏注笺:"复训往来。往来即逡巡意。""巡",本义为"视行也",如"巡行""巡视""巡捕"等即是。

"逡巡"是一个书面色彩很浓的词语,比如,汉贾谊《新书·过秦论上》:"逡巡而不敢进。"这里的"逡巡"指徘徊不进、滞留。明张溥《五人墓碑记》:"大阉亦逡巡畏义,非常之谋,难于猝发,待圣人之出而投缳道路,不可谓非五人之力也。"这里的"逡巡"指迟疑、犹豫。在现代汉语中,它的用法与古汉语相近,即徘徊、犹豫等。茅盾《有志者》:"笔尖儿再逡巡落到纸面的时候,炖着的咖啡放出丝丝的细声音。"

最常见的误用是把"逡巡"当作了徜徉、漫游一类的意思,用来表达闲适、轻松的心境。上述例 1 和例 2,犯的就都是这种错误。

与"逡巡"不同,"徜徉"是一个联绵词,表示安闲自在地步行。如:"我们在北海道雄伟壮丽的大自然中,在舒爽的北国大地上慢慢行走,徜徉在花海之中。"

链 接

表示漫漫行走的词语

踽踽而行　独行貌。《诗·唐风·杕杜》:"独行踽踽。"毛传:"踽踽,无所亲也。"

徘徊　往返回旋,来回走动;犹彷徨。游移不定貌。

蹀躞　读作 diéxiè,义为小步行走。南朝宋鲍照《拟行路难》诗之六:"丈夫生世会几时? 安能蹀躞垂羽翼?"

彳亍　读作 chìchù,义为小步走,走走停停。清昭梿《啸亭杂录·宋延清》:"彳亍而行,如酒醉者。"

踟蹰　读作 chíchú,义为徘徊、因心中犹疑而要走不走的样子。汉乐府《陌上桑》:"使君从南来,五马立踟蹰。"

"染指"为何有贬义

错 例

1. 自一九九五年马晓春九段在东洋证券杯赛中夺冠以来，中国棋手已在世界围棋大赛中九次夺冠。在目前的六大世界围棋锦标赛中，仅有丰田杯中国棋手不曾染指。

2. 人口稀少的新西兰对《骨干人物》一书的需求量成为近年来新西兰文坛一奇，小说当年就染指新西兰小说奖。

诊 断

忽视了词语特定的感情色彩。"染指"是说分取非分的利益，也比喻参与或插手分外的某种事情，有着强烈的贬抑色彩。上述两例的"染指"均不合语境。

辨 析

"染指"是一个有典源的文化语词，出自《左传·宣公四年》。有一天，一个楚国人献了一只鼋（yuán，即鳖，俗称甲鱼）给郑灵公。碰巧这天郑国的两位权贵子公、子家一同去晋谒郑灵公。路上，子公的食指忽然不由自主地动了起来，他就举起指头让子家看，说以前也发生过这种情况，预示自己将有美味可食。二人进了宫，看到御厨正在忙着做鳖羹，不禁相视而笑。郑灵公问是何缘故，子家就说了刚才路上发生的事情。孰料，等到赏赐大夫们品尝鳖羹时，郑灵公却故意不给子公吃。结果，"子公怒，染指于鼎（伸出食指到鼎中蘸了一点鳖汤），尝之而出"。

鼎作为重要的礼器，是权力的象征，不经君王允许而擅自蘸取鼎中之物,是对王权的挑衅。传统中国是一个专制社会。子公以下犯上,强行分享郑灵公没赏赐给他的美味,结果差点被郑灵公杀掉。后世多用"染指"比喻分取非分的利益。这就是其贬义色彩的来由。比如,萧乾《由香港到宝安》:"为了对得起祖宗,我们不能容敌人染指。"

近年媒体上出现了不少"染指冠军"一类的说法。这类说法是否可以接受呢?《咬文嚼字》编辑部曾专门对此进行过"百家会诊",得出了倾向性的意见:作为自谦是可以说的,否则还是不说为宜。理由是:一、近年来"染指"的中性用法,并非一种理性的选择,而是因为对甲鱼汤的典故不甚了然所致,其中明显有误用的成分;二、在大部分人还坚持"染指"是贬义词时,如果接受中性的用法,只会引起表达的混乱;三、夺冠这一意思,汉语里有大量现成的语词可用,不必硬拉"染指"来添乱。

链接

表示夺得冠军的几个语词

在竞赛中夺得第一名,汉语里有多种说法。试举数例。

夺杯　夺取奖杯,特指夺取冠军。

夺标　夺取锦标,特指夺取冠军。

夺魁　争夺第一,夺取冠军。

加冕　本谓某些国家的君主即位时所举行的仪式,把皇冠戴在君主的头上。引申指夺得冠军。

折桂　典出《晋书·郤诜传》:"武帝于东堂会送,问诜曰:'卿自以为何如?'诜对曰:'臣举贤良对策,为天下第一,犹桂林之一枝,昆山之片玉。'"后因以"折桂"称科举及第,现代汉语里则进而引申指夺冠。

执牛耳 古代诸侯订立盟约,要每人尝一点牲血,主盟的人亲手割牛耳取血。故用"执牛耳"指做盟主。后指在某一方面居领导地位、位居第一。

"人满"一定"为患"吗

1. 黄山的旅游事业蒸蒸日上,财源滚滚。有时,一天之内到黄山观光的游客达 7000 人,各个景点人满为患,所有的索道也满负荷地运转。

2. 临近春节,五星建材超市搞起了促销活动。从周五开始连续三天"满 100 减 50"的年末大特卖,让这家超市天天人满为患。

诊 断

感情色彩不对。"人满为患"强调的是人多的坏处,是贬义词。上述两例均属误用,褒贬色彩不当。可改为"人头济济""人山人海""人头攒动"等。

辨 析

"人满为患"经常被当作"人山人海"一类的意思,错用于表示人很多的情景。人太多了,有时确实会造成某种麻烦。比如超市里购物的人很多,可能会给某一个顾客带来一时的不便,但却是商业繁荣和人们购买力较高的反映。只有在人多而带来坏处的语境下,才可以使用"人满为患";若是仅仅人多,则不宜使用之。

"患",《说文》解释为"忧也",本义为担忧、忧虑,如"患得患失""忧患"。《论语·宪问》:"不患人之不己知,患其不能也。"引申指灾祸,如"患难""防患未然"。再引申指害病,如"患病"

"患者"。"人满"是说某一空间里挤满了人,但是否一定会"为患"呢?常识告诉我们,只有当人多得造成混乱,影响正常的秩序时,才能说是"人满为患"。例如,"《武林三国》海峡服务器自开服以来,人气异常火爆,几度人满为患,令服务器不堪重负。玩家们怨声载道。"(西北旅游网,2009-07-13)又如,春运期间,返乡民工剧增,铁路运输压力过大,旅客想坐车却非常困难,导致大量旅客滞留车站。这时就可使用"人满为患"了。

链接

罗京校正"人满为患"

央视名播罗京英年早逝,令国人唏嘘不已。有一位仅仅和罗京有过一面之交的年轻人,回忆起罗京的一番话,让人印象特别深。

有一次,这位年轻人去北京旅游,在王府井小吃街的一家老北京爆肚店吃饭。小吃店生意火爆。看着周围人头攒动,他随口说了一句:"这王府井小吃街真是人满为患啊!"

没想到这话引起了一位戴墨镜的邻座的注意,他把头微微侧过一点,提醒道:"小伙子,用词不当啊!"

年轻人答道:"不会错吧,你看那么多人,还不是人满为患吗?"

邻座微微一笑,解释说:"你这个词啊,前半部分是对的,后半部分就要仔细考虑了!'人满'倒是确实的,但人家生意好总不至于'为患'啊!"

此时,年轻人才发现,这位戴着墨镜和他说话的邻座,是罗京先生!

"忍俊不禁"含笑意

1. 坐在笔者身边的一位外国记者,突然忍俊不禁地扑哧一声笑起来……

2. 他喜欢观看幽默滑稽的小品。昨天晚上,在大舞台欣赏俄罗斯马戏团小丑的滑稽表演时,他忍俊不禁地哈哈大笑。

诊 断

叠床架屋,语义重复。"忍俊不禁"就是忍不住地笑了出来,上述两例均存在啰唆的问题。可把两句中"忍俊不禁"后面的成分删去;再者,"忍俊不禁"含有"突然"义,因而例1中的"突然"一词亦当删去。

辨 析

"忍俊":含笑、忍住不笑。比如《随园诗话补遗》卷五引清燕以筠《袖手》诗:"欲折梅花还忍俊,空从树下一婆娑。""不禁":无法控制自己;其中的"禁"读 jīn,义为忍耐。成语的意思是忍不住要发笑。出处是唐赵璘《因话录》卷五:"柜初成,周戎时为吏部郎中,大书其上,戏作考词状:'当有千有万,忍俊不禁,考上下。'"现代汉语中的用法,与古汉语相同。如,"刘德华上海出席时装秀　遭小胖妞放电忍俊不禁。"(人民网,2009-07-15)

"忍俊不禁"的近义词有"喜不自胜""哑然失笑""忍俊不住"等。

在一句话中，使用"忍俊不禁"时，要注意不能让"忍俊不禁"充当表示笑的动词的状语。否则，在语义上就重复了。像上述病例中的"忍俊不禁地扑哧一声笑起来""忍俊不禁地哈哈大笑"，正是犯了这一毛病。

链 接

说　"禁"

"禁"是一个形声字，本义指禁忌。《说文》解释为："吉凶之忌也。从示，林声。"此时读 jìn。如"禁条"（即"禁忌"）、"禁肉"（佛家禁忌肉食）、"禁忌日"（元代制度，以每月初一、初八、十五日、二十三日为四斋日，禁止行刑和宰杀生物）、"禁果"（犹太教、基督教故事中禁止亚当及其妻夏娃采食的果子），等等。古代帝王的官殿也称"禁"。朱骏声《说文通训定声》："天子所居曰'禁中'。'禁中'者，门户有禁，非侍御者不得入，故曰禁中。"与此义有关的语词有"禁内"（宫内）、"禁外"（宫外）、"禁宫"（宫殿）、"禁闼"（宫门，借指皇宫。闼：门）、"禁省"（警卫森严的皇宫），等等。又引申指禁令，即含有禁戒性的规条及法令。作动词用，"禁"指制止、停止，如"令行禁止"。

读 jīn 时，表示胜任，承受得起，如"禁久"（经久，耐久）、"禁奈"（禁得起，受得起）、"禁不过""禁不起"（承受不住，受不了）、"禁当"（担当，承受），等等。引申指忍住，如"不禁痛哭流涕""不禁失笑"。

是"入室弟子"吗

错 例

1. 1981 年本科毕业后,我顺利考入本校中国近现代史专业攻读硕士学位,正式成为章先生的入室弟子。

2. 6 月 20 日,在郑州举办的陈正雷老师收徒仪式上,住石寿美惠成为第一批 18 名入室弟子之一,是唯一的日本籍入室弟子。

诊 断

误解词义。"入室弟子"是指某一老师的众多学生中的佼佼者,上述两例都把它误作师门的一般弟子来使用了。例 1 是说"我"开始成为章先生的学生,例 2 是说住石寿美惠正式成为陈老师的徒弟。一入师门便成了弟子中的出类拔萃者,这不合情理。揆情度理,"我"和住石寿美惠只不过是"及门弟子"而已。

辨 析

语言中的很多语词,尤其是一些有典故的语词,不能只从字面去理解。"入室弟子"就是这样。"入室"语出《论语·先进》:"由也升堂矣,未入于室也。"此处的"由",即孔子的弟子子路。古代训诂学家邢昺解释说:"言子路之学识深浅,譬如自外入内,得其门者。入室为深,颜渊是也;升堂次之,子路是也。"后以"入室"比喻学问或技艺得到师传,造诣高深。汉扬雄《法言·吾子》:"诗人之赋丽以则,辞人之赋丽以淫。如孔氏之门用赋也,则贾谊升堂,相如入室矣。"

从入门，到升堂，再到入室，是学习上由浅入深的三个阶段。有一个成语叫"升堂入室"，比喻学问或技能由浅入深，循序渐进，达到更高的水平。

"入室弟子"指得到师传、学问或技艺造诣精深者，而且多用于他称，不用于自称。比如，《晋书·外戚传·杨轲》："虽受业门徒，非入室弟子，莫得亲言。"汤用彤《汉魏两晋南北朝佛教史》第十八章："罗云、法安，史载其各有入室弟子十人。"

像上述两例误用"入室弟子"的情况，在媒体上有一定的普遍性。尤其是在说明师承关系时，不少人都喜用"入室弟子"，但又常常会用错。

汉语中，称登门正式拜师求学的人叫"及门""及门弟子"，即受业弟子。清刘大櫆《翰林编修李公墓志铭》："而张公于及门中，独爱重公。"

链 接

"弟子"种种

古时从师受业的人称为"弟子"，又称"学生""学徒""学子""生徒""门徒""门下生""门下士""门人"等。

门生 东汉时称再传弟子为门生，后世称亲授业的弟子为门生。

门弟子 及门的弟子。

高足 品学兼优的弟子，优秀门生。

受业 本为弟子受业之意，后用作弟子对老师的自称。

小生 读书人或文人的自称，也称新学后辈小生，故而也可称学生、弟子为"小生"。

小门生　称弟子的弟子为"小门生",又称"门下生"。又喻称为"瓜蔓抄"。

高业弟子　学业优异的弟子。

著录弟子　登记在册,列于私人讲学经师门下的弟子。

谣言惑众的"三人成虎"

错 例

1. 三人成虎，人多为王，眼下的这点儿困难又算得了什么呢？"一根筷子拧得断，一把筷子拧不断"，只要大家一条心，就能闯过这道坎。

2. 在这几个嫌犯接头之前，一定要端掉他们。一旦让他们接上头，就会三人成虎，危害可大了。

诊 断

望文生义。"三人成虎"是说传言有虎的人很多，大家便相信了。比喻说的人多了，谣言就可能被当作事实，从而蛊惑人心。上述病例都把它误解为人多力量大了。例 1 可改为"团结就是力量"，例 2 可改为"互相勾结"。

辨 析

"三人成虎"亦作"三人成市虎"。典出《战国策·魏策》："庞葱与太子质(做人质)于邯郸，谓魏王曰：'今一人言市有虎，王信之乎？'王曰：'否。''二人言市有虎，王信之乎？'王曰：'寡人疑之矣。''三人言市有虎，王信之乎？'王曰：'寡人信之矣。'庞葱曰：'夫市之无虎明矣，然而三人言而成虎。今邯郸去大梁也远于市，而议臣者过于三人矣。愿王察之矣。'"魏王让庞葱放心地去。后来庞葱陪太子从赵国回国，魏王果然没有再召见他。可见，"三人成虎"本是魏国大臣庞葱劝说魏王时打的一个比方，目的是劝说魏王勿轻信谣言。后来把这个故事凝固成"三人成虎"这一成语,喻指有时谣言被重复多次,可以掩盖真相,使人信以为真。比如,郑振铎《劫中得书记·序》:"且类曾参杀人,三人成虎,忧谗畏讥,不可终日。"又如,"《政府信息公开条例》已实施一年有余,为何还会出现由于政府信息发布不及时而造成的民众集体恐慌? 我们的政府该如何及时、有效、透明地向公众传递信息,防止再次出现三人成虎的局面,是这起事件引起我们的严肃思考。"(人民网,2009-07-23)

"三人成虎"的近义词是"曾参杀人""众口铄金"等。

链接

"曾参杀人"

表示谣言能迷惑人这个意思,"三人成虎"之外,汉语中还有一个类似的成语,叫"曾参杀人"。语本《战国策·秦策二》:"昔者曾子处费(古地名,春秋鲁邑)。费人有与曾子同名族者而杀人。人告曾子母曰:'曾参杀人。'曾子之母曰:'吾子不杀人。'织自若。有顷焉,人又曰:'曾参杀人。'其母尚织自若也。顷之,一人又告之曰:'曾参杀人。'其母惧,投杼(织布用的梭子)逾墙而走。夫以曾参之贤与母之信也,而三人疑之,则慈母不能信也。"后以"曾参杀人"比喻流言可畏或诬枉之祸。唐韩愈《释言》:"市有虎,而曾参杀人,谗者之效也。"

"三昧"还是"三昧"?

1. 我谈不上有什么官场生涯,不过是在县、市、省三级政府机关干过小职员。曾有官员席间不屑地说:王跃文知道什么官场? 意思是说我没当过官,哪懂得官场三昧。

2. 对于传媒从业人员来说,只有立足新闻实践探讨新闻理论,站在理论高度指导新闻实践,经年累月,持之以恒,方能获得新闻三昧。

诊 断

形近致误,混淆词义。"三昧"说的是事物的诀要,"三昧"说的是多种滋味。例1例2,说的都是技巧、奥秘一类的意思。两例的"三味"均应改为"三昧"。

辨 析

从结构上看,"三昧"是一个词,多指一门学问、技艺的诀窍与奥妙;"三味"是一个短语,意思就是多种滋味。相当多的人把"三味"与"三昧"混淆,以为"三味"就是"三昧"。

探究源头,其实"三昧"是佛教用语,梵文 samādhi 的音译,又译为"三摩地",意译为"正定",即摒除杂念、心神平静。三昧是佛教重要的修行方法之一。宋黄庭坚《渔家傲》词:"方猛省,无声三昧天皇饼。"其中的"三昧"即为这种佛家语的含义。后引申为奥妙、诀窍。如唐李肇《唐国史补》卷中:"长沙僧怀素好草书,自言得草圣三昧。"人们称扬在某一方面造诣深湛为"得其三昧""懂得三昧"。秦牧《艺海拾贝·数字与诗》:"我觉得唐、宋许多诗人,都是深懂此中三昧的。"

"三昧"的"三",不一定是实指,只是极言"滋味"之多。

链接

三味书屋探名

一提到"三味",就会想到鲁迅少年时代在绍兴读书的私塾——三味书屋。这个书屋是清末寿镜吾先生(1849—1927)开办的一所私塾。书屋正中悬挂着写有"三味书屋"四个大字的横匾,两侧屋柱上有一副对联:"至乐无声唯孝悌,太羹有味是诗书。"额匾与楹联都是清代书法家梁同书的手笔。

那么"三味"是什么意思呢?常用的辞书未见收录。按一般的说法,此处的"三味",似出自宋人李淑的《邯郸书目》:"诗书,味之太羹,史为折俎,子为醯醢(xī hǎi)。是为书三味。"另说"读经味如稻粱,读史味如肴馔,读诸子百家如醯醢"。二者意同。"醯"是醋,"醢"则是用鱼、肉等制成的酱。"醯醢"泛指佐餐调料。可见"三味"是用饮食比喻各类典籍的特点,勉励学子努力向学、善于读书。

词语百析

142

"拾级"向上

1. 代表们从人民大会堂拾级而下,返回驻地。路上,他们告诉记者:上午的大会报告充满新意,振奋人心。

2. 这时导游到了,带着我们拾级而下。走下了栈道,沿着鹅卵石铺设的小道前行,一会儿的工夫就看见了前面的大石壁。

诊 断

误解词义。"拾级"只能是往上走,上述例句中的"拾级而下"逻辑上说不通。均可改为"走下台阶"。

辨 析

"拾"是个多音字,"拾级"的"拾"在这里不读 shí,而是读作 shè。"拾级"是一个可以探讨理据的词语。

"级",台阶。"拾级"是动宾式的词语,《辞海》的解释是"涉历梯级"。生活经验告诉我们,一个人攀登台阶时,每跨上一个台阶,上身会不由自主地俯下去,犹如低头拾取台阶上的东西,故称向上攀登台阶为"拾级"。古今用法并无二致。《礼记·曲礼上》:"拾级聚足,连步以上。"唐颜师古《匡谬正俗》卷三:"拾级聚足,此言升阶历级,每一级则并足,然后更登也。拾者,犹言——拾取也。"

《现代汉语词典》对"拾(shè)"字的解释是"轻步而上";将"拾级"解释为"逐步登阶",举的例子是"我们拾级而上,登上了顶峰"。可见,"拾级"一词只能用于上阶梯,不可用于下阶梯。

可以说"拾级登楼""拾级爬山"等。曹靖华《飞花集·风物还是东兰好》:"她穿云钻雾,拾级而上。"

汉语中没有"拾级而下"的用法。

链 接

词的理据性

所谓词的理据,或称"词的命名义",指的是词义形成的可释性,也就是某一语音形式表示某一意义内容的根据。汉语词的理据,主要有如下几种类型:

1. 摹声型。摹拟自然界和人类自己的声音来给事物命名。如"呼噜""滴答""劈啪""乒乓"等。

2. 语源型。有些事物、动作、性状,是用与其相关的事物、动作、性状的名称通过意义类比、声音转化而得名的,从而形成了词与词之间语义语音的渊源关系。例如"跟"源于"根"。《说文》:"根,木株也。"《释名·释形体》:"足后曰根,在下方著地,一体任之,象木根也。"

3. 特征型。只选择一个特征或标志作为依据来命名。例如"马上"(立刻)。"马奔驰最速,俗因谓即时曰马上,盖亦取迅捷之义也。"

4. 典故型。例如"赋闲"。晋朝潘岳辞官家居,作《闲居赋》,后来因称没有职业在家闲着为"赋闲"。又如"破天荒"。五代王定保《唐摭言·海述解送》:"荆南解比,号天荒。大中四年,刘蜕舍人以是府解及第。时崔魏公作镇,以破天荒钱七十万资蜕。蜕谢书略曰:'五十年来,自是人废;一千里外,岂曰天荒!'"后以指前所未有或第一次出现。

5. 简缩型。即所谓的缩略词。例如"个唱"（个人演唱会）。

6. 禁忌型。禁忌语就是犯忌讳的话。例如："茂才"（秀才），为避光武帝刘秀之名而得名。又如"筷子"，原名为"箸"（zhù）。旧时江浙一带行船人忌讳"住"字，因"箸"与"住"同音，说"箸"就会联想到"住"。他们不希望船"住"，而希望船"快"，所以称"箸"为"筷"。后来加后缀成为"筷子"。

"胜于"与"甚于"

1. 不久前,某地发生了假药"糖脂宁胶囊"致人死亡事件。近年来,类似的药害事件频频发生,令人深感忧虑。假药之患胜于海盗。

2. 瓦伦第又一次遭到了当局的严刑拷打,但莫利纳之死给他造成的心灵伤害更胜于肉体的痛苦。昏迷中的他似乎看到一个女人陷进了一张巨大的蜘蛛网中。

诊 断

混淆了近义词。"甚于"和"胜于"都可以用于两者的比较,但"胜于"只能表示前者优于后者,前者是肯定的对象。上述例句中,"假药"与"心灵伤害"一样,都是否定的对象,因而上述两个例句的"胜于"均要改为"甚于"。

辨 析

"甚"和"胜"读音相近,都立有"超过、胜过"的义项,在某些情况下可以通用,但它们并不能无条件地任意换用。

"甚"的一个义项是"超过",其后常带"于"字。由"甚于"连接的前后两个事物,一般笼统地表示前者超过后者,它可以是指好的方面超过后者,但更多的是指不好的方面(如劣行、恶德、情况危险、处事困难等)超过后者,比如"官僚主义的危害,甚于水火"。又如:"防民之口,甚于防川。川壅而溃,伤人必多,民亦如之。是故为川者,决之使导,为民者,宣之使言。"显然,说话的人

（召公）将"防民之口"与"防川"相提并论,目的在于使听者(周厉王)明白,堵住百姓的嘴,不让他们议论朝政,其所引起的后果要比堵住河流不让水流通严重得多。

"胜"的一个义项是"比另一个优越",其后常带"于、过"等。由"胜于"连接的前后两个事物,必须是前者优于后者,如:"事实胜于雄辩","实际行动胜过空洞的言辞","德才兼备的贤人胜于有才无德的小人",等等。

大致上可以做这样的小结:说"甲胜于乙",则表明"甲"好于"乙";说"甲甚于乙",既可以是"甲"好于"乙",也可以是"甲"的危害超过"乙"。

链接

揣摩下列名言中的"胜于"和"甚于"

1. 生亦我所欲,所欲有甚于生者,故不为苟得也;死亦我所恶,所恶有甚于死者,故患有所不辟也。——孟子

2. 八股之害,等于焚书,而败坏人才,有甚于咸阳之郊,所坑者四百六十余人也。——顾炎武

3. 我喜欢人甚于原则,我还喜欢没原则的人甚于世界上的一切。——[英]王尔德

4. 道德和才艺是远胜于富贵的资产。——[英]莎士比亚

5. 从外貌看来,人最宝贵,狗最低贱,但圣人一致认为:重义的狗胜于不义的人。——[波斯]萨迪

6. 因为有言语,你胜于野兽,若是语无伦次,野兽就胜于你。——[波斯]萨迪

7. 手中的一只鸟胜于林中的两只鸟。——[英]希伍德

"莘莘学子"不止一位

错 例

1. 虽然那时年纪还小,但"北大"这个词在我的脑海中留下了很深的印象,并且随着年龄的增长,我也渐渐了解到,北大是众多莘莘学子梦想的殿堂。

2. 1944年深秋,在北碚复旦大学登辉堂前,几个穿着褪色米黄风雨衣的莘莘学子,腋下夹着书本,迎着飒飒江风向图书馆匆匆走去。

诊 断

误解词义。上述两例中,"莘莘学子"是一个集体概念,与"众多""几个"不能搭配。均可把"莘莘"删去。

辨 析

"莘莘学子"的使用频率并不低,但一般的辞书都没收录,大概正是因为这一缘故,媒体上误读误用的现象才不时发生。

正确使用这一词语,关键是对"莘"字的掌握。"莘"是个多音字。可以读 xīn,如中药"细莘"的"莘"、上海地名"莘庄"的"莘",等等;也可以读 shēn,如山东"莘县"的"莘"。在"莘莘学子"中,"莘"的准确读音是 shēn。

"莘(shēn)"可以作形容词用,义为长,如《诗·小雅·鱼藻》:"鱼在在藻,有莘其尾。"毛传:"莘,长貌。"而"莘莘"二字叠用,则表示众多义。东汉班固《东都赋》:"献酬交错,俎豆莘莘。"所谓"莘莘学子",指的是众多学生,意思和勤奋、天真、纯真等无关。

　　"莘莘"的误用,主要表现为搭配不当。"莘莘"既然是用来形容群体的,自然便不能和表示数量的词或词组搭配。比如上述例1的"众多莘莘学子",例2的"几个……莘莘学子"。"众多"与"莘莘"义近,"几个"与"莘莘"义殊,它们与"莘莘"连用,均不通。

链 接

高考题中的"莘莘学子"

　　下列句子中的成语,使用恰当的一句是(　　　)。

　　A. 那是一张两人的合影,左边是一位英俊的解放军战士,右边是一位文弱的莘莘学子。

　　B. 这次选举,本来他是最有希望的,但由于他近来的所作所为不孚众望,结果落选了。

　　C. 齐白石画展在美术馆开幕了,国画研究院的画家竞相观摩,艺术爱好者也趋之若鹜。

　　D. 为了逃避公安机关的打击,这个"地下"烟厂曾两次停产,待风声一过又东山再起。

　　正确答案为 B。A 句的"莘莘学子",形容众多的学生,使用有误。C 句"趋之若鹜"多用贬义,在此处使用不当。D 句"东山再起"是褒义词,感情色彩不当。B 句"不孚众望",指"不合于众人的期望",使用正确。

"始作俑者"令人憎

1. 成名歌手签约上海　高林生成了始作俑者(新闻标题)

2. 虽然迪尔凯姆在 19 世纪就提出"个人现象不同于社会现象,个人意识不能解释社会现象,要解释社会现象,只能根据社会本身的性质"的论断,并奉行犯罪学整体主义方法论的立场尝试对当时社会犯罪问题作出解释,但是以隆布罗索为始作俑者的实证个体论,长期垄断着犯罪学的理论舞台。

诊 断

词语的褒贬色彩弄错了。"始作俑者"有贬义。上述两例均没有贬义,故不宜使用"始作俑者"。例 1 可改为"第一人",例 2 改为"原作者"。

辨 析

《孟子·梁惠王上》中记载了一次著名的对话。战国时,孟子有一次和梁惠王谈论治国之道。孟子问梁惠王:"用木棍打死人和用刀子杀死人,有什么不同吗?"梁惠王回答说:"没有什么不同的。"孟子又问:"用刀子杀死人和用政治害死人有什么不同?"梁惠王说:"也没有什么不同。"孟子接着说:"现在大王的厨房里有的是肥肉,马厩里有的是壮马,可老百姓面有饥色,野外躺着饿死的人。这是当权者在带领着野兽来吃人啊!大王想想,野兽相食,尚且使人厌恶,那么当权者带着野兽来吃人,怎么能当好老百姓的父母官呢? 孔子曾经说过,'首先用俑的人,他是断子绝孙、没有后代的吧!'您看,用人形的土偶来殉葬尚且不可,又怎么可以让老百姓活活地饿死呢?"

"俑"是古代用以陪葬的木偶或土偶。"始作俑者"本是孔子说的:"始作俑者,其无后乎!"意谓开始用俑殉葬的人,大概没有后嗣了吧!后世便用"始作俑者"比喻某种坏事或恶劣风气的开创者。比如,"安徽6农民出国务工受困俄罗斯 黑中介是始作俑者。"(人民网,2009-02-10)

如果要表达受到尊崇的开创者这一意思,可使用"不祧之祖"。"祧"读 tiāo,指古代祭祀远祖的祠堂。家庙中祖先的神主,辈分远的要依次迁入祧庙合祭,只有创业的始祖或影响较大的祖宗不迁,叫做"不祧"。

链接

孔子的一个误解

殉葬是一种古老的野蛮习俗。早在原始社会,一家的主人离世后,便把随身使用过的工具、武器,乃至生前使用过的日用品都随死者一起埋葬。受这种习俗的影响,到了奴隶社会,当奴隶主死后,许多奴隶便被当作一种特殊的工具而活埋。这种残忍的殉葬方式,成了奴隶社会的一种制度。从有据可查的考古资料看,商代人殉制度就已盛行,此后历朝历代这种恶习绵延不绝。公元前621年秦穆公死后,以贵族子车氏的三个儿子以及其余一百七十七人集体殉葬,《诗·秦风·黄鸟》反映的正是这一幕悲剧。《墨子·节葬下》说:"天子杀殉,众者数百,寡者数十;将军大夫杀殉,众者数十,寡者数人。"可见当时殉葬作为一种制度的普遍性。由于陪葬制度受到了国人的强烈反对,到了春秋之后,人殉的做法基本废止,而改用木制或泥制的人形来殉葬。

　　始作俑者革除了活人殉葬的弊陋。那么何以主张温柔敦厚的孔子对此却深恶痛绝呢？宋代大学者朱熹为我们解开了困惑:"古之葬者,束草为人以为从卫,谓之刍灵,略似人形而已。中古易之以俑,则有面目机发,而大似人矣。故孔子恶其不仁,而言其必无后也。"原来,孔子主张"束草为人",而不赞成用俑,因为一旦开了这个头,就可能用活人来殉葬了。其实,考古史告诉我们,活人殉葬在前,以俑殉葬是一项革命性的变革。孔子不了解这一点,故而憎恨"始作俑者"。

动态"式微"，静态"势微"

1. 前者是主流群体势微的危机意识，后者是非主流群体求存的破格欲求。

2. 尽管报纸和广播等传统媒体在与新媒体的较量中日益势微，但新闻业"永远求真"的精神将继续在公众中引起共鸣。全球对新闻和信息的渴求，比以往任何时候都要强烈。

诊 断

既可能是音同致误，也可能是误解词义而致误。"势微"是静态的陈述，而"式微"则是动态的描绘。上述两例均应改"势微"为"式微"。

辨 析

"式微"本是《诗经》中的篇名。诗中反复咏叹："式微，式微，胡不归？""式"，语气词，用在一句诗或一个词语的开头；"微"，衰落、衰败。朱熹解释说："式，发语辞。微，犹衰也。""式微"指事物由盛而衰，即衰微、衰落，描述的是事物发展的动态。常用于书面语，使用频率不是很高。郭沫若《十批判书·古代研究的自我批判》："武王以前的周室没有什么高度的文化，平王以后的周室则是式微得不堪了。"

"势微"是一个临时性的主谓结构短语，可以见词明义，意思就是势力微小。"势微"陈述的是事物的现状。如"与人保集团其他子公司相比，目前人保寿险公司显然势微力单，急需扩展人力和网络。收购是其必由之路。"

链 接

说 《式 微》

式微,式微,

胡不归?

微君之故,

胡为乎中露。

式微,式微,

胡不归?

微君之躬,

胡为乎泥中。

全诗可以译为:"天黑了,天黑了,为什么还不回家? 如果不是为君主,何以还在露水中! 天黑了,天黑了,为什么还不回家? 如果不是为君主,何以还在泥浆中!"本诗主旨,《毛诗序》说是黎侯为狄所逐,流亡于卫,其臣作此劝他归国。此说牵强附会,缺乏史实佐证。余冠英先生认为"这是苦于劳役的人所发的怨声"(《诗经选》),最切诗旨。诗凡二章,寥寥几句,受奴役者的非人处境以及他们对统治者的满腔愤懑,给读者留下极其深刻的印象。后来"式微"一词逐渐衍化为中国古典诗歌中的"归隐"意象。如,唐王维"即此羡闲逸,怅然吟式微"(《渭川田家》);孟浩然"因君故乡去,遥寄式微吟"(《都下送辛大夫之鄂》);贯休"东风来兮歌式微,深云道人召来归"(《别杜将军》);等等。

下杀上曰"弑"

错 例

1. 又生了一个女婴,她失望之极,竟亲手残忍地溺死了这个小生命。这种弑子恶行,令人发指。

2. 沪闵路发生弑妻惨案　丈夫自杀未遂(新闻标题)

诊 断

对象错位。发出"弑"这一动作的,必须是卑幼者,而不能是尊长者或平辈。上述两例中的"弑"都不妥,均可改为"杀"。

辨 析

传统中国是一个等级制严格的社会,这一特征也映射到语言上。

"弑",读音为 shì,形声字。从杀,式声。"弑"不是一般的杀,而是有特定的传统道德色彩的杀,义指臣杀君、子杀父母,即卑幼杀死尊长,如"弑君""弑父"等。《释名》:"下杀上曰弑。弑,伺也,伺间而后得施也。"弑在古代是违反伦理的事,故凡是称"弑",即含有特别的谴责意味。比如,《孟子·梁惠王上》:"万乘之国弑其君者,必千乘之家。"

在现代汉语中,"弑"字仍然在使用。比如,"经审讯,雏亚斌交代了弑父伤母的详细过程。当问到他为何要躲藏在医院的后花园时,这个恶魔的供述令人毛发悚然。"(《兰州晨报》,2008-08-20)

有关"弑"的两个故事

《左传·宣公二年》记载:晋灵公不行君道,胡作非为,从高台上弹人取乐,杀死炖熊掌不熟的厨师,并让宫女用车载着厨师的尸首在朝堂上招摇而过,吓唬朝臣。大臣赵盾反复进谏,灵公非但不听,反而多次设计杀赵盾,逼使赵盾逃亡。后来,晋灵公终于为臣下赵穿所杀,未出国境的赵盾闻讯后即返回朝廷。对于这样一段史实,晋国史官董狐记史时用了这样五个字:"赵盾弑其君",并把这段史实记录拿到朝廷上去公布。对此,赵盾大叫冤枉。董狐解释说:"子为正卿,亡不越竟(境),反(返)不讨贼,非子而谁?"意思就是:你赵盾身为正卿,在逃亡中没有越出国境,依照礼法,未出国境则与晋灵公的君臣关系犹存,然而返朝后又未诛杀弑灵公的赵穿,你当然应该对弑君负主要责任了。

《左传·襄公二十五年》记载:齐庄公与齐国权臣崔杼的妻子通奸,崔杼杀了庄公。齐国太史在史册上记录道:"崔杼弑其君。"崔杼便杀了太史。太史的两个弟弟先后接替其兄,作了同样的记载,崔杼又杀了他们。谁知太史的另一个弟弟,并没有被死亡所吓倒,仍然无畏地举起史笔。弑君的崔杼终于没有敢再杀他。

情感消除叫"释怀"

1. 总有一些感动让我们不能释怀。汶川地震后的这个女子,柔弱时让你怜惜,坚强时又令人刮目相看。

2. 翠竹或一两株临窗,或三五株傍水,为生活平添许多情趣。而万竿碧竹,郁郁葱葱,蔚为壮观,透出一派清韵,更让人难以释怀。

诊 断

混淆词义。"释怀"是说人的内心某种情感的消解。上述两例中,并无什么郁积的情绪要释放,故不可说"释怀"。均要改为"忘怀"。

辨 析

"释"有化解、消除的意思;"怀",心怀、胸怀。"释怀"的意思是放心、无牵挂,即爱憎、悲喜、思念等情感在心中消除。如乔信明《背负着方志敏同志的遗志前进》:"在监狱里,他说耿耿不能释怀的,就是党的事业,中国人民抗日救国的事业。""释怀"的反义词是"挂念"。由"释"字组成的类似语词,还有"释尤"(消除怨恨)、"释怨"(消除怨忿)、"释嫌"(消除嫌疑)等。

使用"释怀"一词,要注意一点,即必须是心中原先郁积、积压着某种情感,这种情感一般是令人压抑的、焦虑的。上述例1女子带给人的"一些感动",例2万竿碧竹透出的"一派清韵",都是令人感动的、积极的因素,这些因素让人难忘,可以说是"不能忘怀",而非"不能释怀""难以释怀"。

"忘怀"就是忘记,不记得,即经历过的事物不再存留在记忆中。可见,它与"释怀"是不一样的。

说 "释"

"释"的繁体字为釋,是一个形声字,从采(biàn),睪(yì)声。"采"有辨别、分析义。《说文》:"释,解也。从采,采,取其分别物也。"积压在心里的疑惑辨析清楚了,自然就消解了,故又引申出消除义。如《国语·晋语》:"虽欲爱君,惑不释也。"人们把疑点、隔阂、误会等完全消除叫做"冰释"。郭沫若《创造十年》九:"原稿我寄还了寿昌,他的疑团也就冰释了。""释怀"的一个近义词是"释念",义为放心、免除思念。鲁迅《书信集·致母亲》:"寓中均安,海婴亦好,可请释念。"

"首当其冲"等于"首先"吗

1. 改革开放的春风吹来时,农民赖泽民首当其冲,带领全村人艰苦创业,办起了全省第一家私营缫丝厂。

2. 买房本来是一件喜事,可是一些人买房之后却陷入了无限烦恼之中。有关部门根据目前房地产投诉的统计,排出了困扰购房人的五大烦心事,"质量因素"首当其冲。

诊 断

误解词义。上述两例把"首当其冲"错误地等同于"首先"了。都可改成"首先"一类的词语。

辨 析

准确理解"首当其冲",关键是对其中"冲"字的认识。"冲"不是一般辞书所解释的"要冲、交通要道",而是指冲车。"首当其冲",义为最先受到攻击或遭到灾难。语本《三国志·魏志·公孙瓒传》裴松之注引《献帝春秋》。后来的汉语典籍中,也都是把"首当其冲"当作最先受到攻击或遭到灾难来用的。如《清史稿·兵志九》:"欧舰东来,粤东首当其冲。"又如,巴金《家》二十二:"高家是北门一带的首富,不免要首当其冲,所以还是早早避开的好。"

"首当其冲"含有"首先""被动""不利"等三个义素,在句中能充当谓语、定语、状语等成分。可见,其含义与语法功能,比"首先"要丰富得多。将"首当其冲"简单地等同于"首先"的用法，缺乏理据性，是错误的。上述例1的"农民赖泽民"、例2的"质量因素"，并不存在受冲击的问题，故而不宜使用"首当其冲"。

链接

"首当其冲"的"冲"

不少辞书都把"首当其冲"的"冲"，解释为要冲。金文明先生在《咬文嚼字》1996年第5期发表文章《"首当其冲"的释义和语源》，认为"冲"是指"（用冲车）冲击"。

他说，"首当其冲"的语源，是《三国志·魏志·公孙瓒传》裴松之注引《献帝春秋》：瓒梦蓟城崩，知必败，乃遣间使与续（公孙续，瓒子）书。绍（袁绍）候者得之，使陈琳更其书曰："盖闻在昔衰周之世，僵尸流血，以为不然，岂意今日身当其冲！"裴松之注所引的《典略》说：

瓒遣行人文则赍书告子续曰："袁氏之攻，似若神鬼，鼓角鸣于地中，梯冲舞吾楼上，日穷月蹙，无所聊赖……"

"冲"字在古代除了有"要冲"义外，还有一个常用义，就是作"战车"解。冲车是一种重型的攻城野战的武器，最早见于《诗·大雅·皇矣》："与尔临、冲，以伐崇墉。"比较一下上引的《三国志》注两段文字，可知"身当其冲"的"冲"，就是"梯（云梯）冲（冲车）"的"冲"。"冲"可作名词"冲车"讲，也可引申作动词"（用冲车）冲击"讲，还可进而泛指"冲击"或"攻击"。

"岂意今日身当其冲"，公孙瓒的意思是说：哪里想到今天自己会遭受重兵的攻击，即将陷于灭亡的境地。这里的"冲"，绝不能解释为"要冲、交通要道"，因此"当"也不能作"处在"讲，而只能顺理成章地解释为"遭受"或"受到"。在南朝宋范晔所著的《后汉书·公孙瓒传》中,"岂意今日身当其冲"这句话,被改成了"不图今日亲当其锋"。"锋"义为"兵锋",也可引申为"兵锋的攻击"。范晔所据很可能与裴松之所引来自同一史料,他对"冲"字的改动,更足以说明此字不可能作"要冲、交通要道"解。

节哀"顺变"

错 例

1. 伯母大人有你这样一个孝顺的儿子,应该说走得很安详了！我的朋友,就让风捎去我对你的问候！请你节哀顺便吧。

2. 大众出版应时顺便收缩阵线(新闻标题)

诊 断

音同致误。例 1,"节哀顺变"是用来慰唁死者家属的话,意思就是节制哀伤、顺应变故,句中的"顺便"应该是"顺变"。例2,"顺便"也应改为"顺变"。

辨 析

"顺变"就是顺应变化。"顺",顺从、适应;"变",变故、变化。《二十年目睹之怪现状》第八十九回:"苟才站起来,便请了一个安道:'只望媳妇顺变达权,成全了我这件事。'"顺变,是一种处世的态度。积极顺变,适应新的环境,才能与时俱进。"节哀顺变"是一个成语,出典是《礼记·檀弓下》:"丧礼,哀戚之至也。节哀,顺变也,君子念始之者也。"古人注解说:"始,犹生也,念父母生己,不欲伤其性。"大意是说,父母之死虽是极大的悲哀,但一个人的生死是自然的变故,人们应当顺应这个变故,不要哀伤过度。后来,"节哀顺变"就成了吊唁的常用语。

而"顺便"的意思,则是乘做某事的方便做另一事。"顺",乘便,如"顺手关门";"便",便利。冰心《山中杂记》九:"我因头痛,要出去走走,顺便也去看看那害我半日不得休息的汽机。"显然，"节哀顺便"不成话。

链 接

说 "顺"

"顺"是一个会意字，从页，从巛。页(xié)，头。本义是沿着同一方向。《释名》："顺，循也。"如《荀子·劝学》："顺风而呼，声非加疾也，而闻者彰。"引申指顺从、顺应，如《孟子·公孙丑下》："多助之至，天下顺之。"又如：顺情(依顺人情)、顺率(顺应天理而统率仁义之师)、顺变达权(顺应形势变化而权宜行事)、顺时颐养(顺应季节变化，注意保养身体)、顺守(遵循正道而固守之)、顺常(遵循常道、常典)、顺人(顺从人心)、顺天应人(顺承天意而合乎民)、顺机(顺循时机)，等等。作副词用，义为顺便、乘便。如：顺访(顺路拜访)、顺劲(乘势)、顺会(乘方便会晤)，等等。

"弹冠相庆"是小人

1. 1945 年二战结束后,各国军人都弹冠相庆,欢呼和平的到来。

2. 斯韦思林杯终于回到了我们的怀抱!当普天弹冠相庆时,人们不由得不佩服蔡振华在用人上的眼光和胆量。

忽视了词语的感情色彩。"弹冠相庆"是说小人得志狼狈为奸,是一个贬义词。上述例句使用不当,均可改为"欢呼雀跃"一类的词语。

"弹冠相庆"来源于一个典故。《汉书·王吉传》:"吉与贡禹为友,世称'王阳在位,贡公弹冠',言其取舍同也。"王吉字"子阳",故称"王阳"。他与贡禹二人爱好、抱负相同,王吉做了官,必然要引荐贡禹去做官。这里的"弹冠",意谓掸去帽子上的尘土,准备做官。后以"弹冠相庆"来比喻即将做官而互相庆贺。本来是一个中性词,但随着时间的推移,"弹冠相庆"变成了贬义词,一般用来指一人当了官或升了官,他的同伙也互相庆贺将有官可做。多谓坏人当道,小人得志,狼狈为奸。比如,蒋光慈《乡情集·乡情》:"农民协会封闭了,豪绅们重又弹冠相庆。"

而上述例句,却将贬义的"弹冠相庆"用来形容欢欣鼓舞的情景,显然不妥。

以"爪牙"为例,看词语感情色彩的历史演变

德国语言学家赫尔曼·保罗认为,引起词语感情色彩变化的因素有三个方面:第一,客体世界的变化。如"小姐",宋元时期本指官女、姬妾、女艺人等社会地位低下的女子,后来有钱人家里仆人称主人的女儿为"小姐",今则是对年轻女性或未出嫁的女子的称呼。第二,主体世界的变化。如"强人",本指强悍凶暴的人、强盗,今则多指坚强能干的人。第三,语言世界的变化。如"锻炼",本义是罗织罪名陷人于罪,今指通过实践,使觉悟、工作能力等提高。值得注意的是,有的词语正处于两种感情色彩反复出现而难以确定的阶段。

举一个例子。"爪牙"本指猛禽猛兽的尖爪利齿,因禽兽之凶猛主要借力于爪牙,于是"爪牙"具有了勇猛的语素义。因而"爪牙"成了贤臣良将以及勇武之士的代称,被赋予了褒义的感情色彩。《诗·小雅·祈父》:"祈父,予王之爪牙。"亦可形容勇武。《国语·越语上》:"夫虽无四方之忧,然谋臣与爪牙之士,不可不养而择也。"到唐代,"爪牙"仍保留着褒义的感情色彩,指勇士。一直到清代,"爪牙"还不时用为褒义词。清蒲松龄《聊斋志异·局诈》:"见天子坐殿上,爪牙森立。"亦可形容勇武。近人魏源《圣武记》卷十一:"爪牙之将,用不拘资。"

另一方面,猛禽猛兽的爪牙伤害人类,人们常欲避其伤害。自汉朝始,"爪牙"已引申出贬义的用法,指党羽、帮凶。《史记·酷吏列传》:"是以汤(张汤)虽文深意忌不专平,然得此声誉。而刻深吏多为爪牙用者,依于文学之士。"历史上许多王朝

黑暗腐朽,它们的臣属大多瞒上欺下,鱼肉人民,充当封建王朝的帮凶,人民痛恨这些"爪牙",自然会给它涂上一层贬义的色彩。清之后,"爪牙"遂变成了纯粹的贬义词。"爪牙"的感情色彩演变,主要是客体世界的原因。

"叹为观止"的对象

1. 这座滨海城市交通混乱,道路上违章驾驶、非法载客现象比比皆是,令人叹为观止。

2. 沙河村为迎接上级扶贫检查,把几个村的羊群集中到一起,以其规模效益骗取扶贫资金,其手段之恶劣,令人叹为观止。

诊 断

误解词语的感情色彩。"叹为观止"是用来赞美、称颂的。交通状况混乱、骗取扶贫资金等,都是消极现象,也是作者批评、贬抑的对象,故而不能用"叹为观止"来陈述。均可改为"吃惊"。

辨 析

"叹",赞叹、称赏;"观止",义为看到这里就不用再看了,称赞所看到的事物好到极点,尽善尽美。"叹为观止"也作"叹观止矣",语出《左传·襄公二十九年》。春秋时期,吴国有一位名叫季札的相国,贤能博学。公元前544年,季札奉吴王之命访问鲁国。其间,季札要求欣赏周乐和舞蹈,鲁襄公就让人为他表演。季札一面欣赏各种音乐和歌舞,一面指出优缺点。当看完歌舞《韶箾(xiāo)》后,他便知是最后一个节目了,于是大声称赞:"德至矣哉,大矣!如天之无不帱(dào,覆盖)也,如地之无不载也。虽甚盛德,其蔑以加于此矣,观止矣。"大意是说,虞舜的功德最高啊!就像无垠的天宇,没有什么不被它覆盖;就像广阔的大地,没有什么不被它运载。再没有什么功德能超过这部歌舞所表现出来的虞舜的功德了。欣赏就到此为止吧!

后用"观止""叹为观止"来赞扬所看到的事物好到无以复加的地步。例如,石三友《金陵野史·书法绝技》:"收入既丰之后,用抹桌布写市招却养成了习惯,凝神屏息片刻,然后运笔如飞,一气呵成,真是龙飞凤舞,叹为观止。"

有人却把这个成语简单地理解为"到了极点",用在给予否定评价的现象、事物上,显然是不妥当的。

链 接

一道高考语文真题(2005 年全国高考丙卷)

下列各句中,加底线的成语使用不恰当的一句是(　　)。

A. 近年来,在各地蓬勃兴起的旅游热中,以参观革命圣地、踏访英雄足迹为特色的"红色旅游"独树一帜,呈升温之势。

B. 某建筑公司会计程某,为填补贪污挪用公款的亏空,不惜再次把巨额公款投入股市,她的这种做法无异于饮鸩止渴。

C. 美国黑人电影明星福克斯和弗里曼在第七十七届奥斯卡奖角逐中当仁不让,分别夺得最佳男主角奖和最佳男配角奖。

D. 中国改革开放以来取得的巨大成就,特别是连续十几年经济持续高速增长的表现,让各国经济界人士都叹为观止。

答案应该选 B。"饮鸩止渴",用毒酒解渴,比喻只求解决目前困难,而不顾严重后果。程某为填补贪污挪用公款的亏空,不惜再次把巨额公款投入股市,她的这种做法是错上加错,扩大亏空,根本谈不上什么"止渴"。

"拖油瓶"小考

1. 妹妹比我小两岁。她时常跟着我跑东跑西,像一个忠实的拖油瓶。

2. 哎呀,绿芽,你不要被恋爱给冲昏头了,还是找个未婚的男士比较可靠,至少没拖油瓶嘛。

诊 断

误解词义。例 1 误把"拖油瓶"当成"跟随者"义来理解了,可改为"跟班";例 2 把丧偶男士的儿女叫做"拖油瓶",也不正确,可改为"前妻儿女"。

辨 析

"拖油瓶"是指再嫁妇女带到现任丈夫家的孩子。这一称谓带有蔑视意味。《汉语大词典》等权威工具书都是这么解释的。古今文献也是这么用的。例如,《二刻拍案惊奇》卷三十三:"天祥没有儿女,杨氏是个二婚头,初嫁时带个女儿来,俗名叫做'拖油瓶'。"《花城》1981 年第 6 期:"我从小失去父亲,母亲嫁给后父,我做了'拖油瓶'。"

关于"拖油瓶"这一熟语的来历,有多种说法。比较普遍的一种是,"拖油瓶"本是"拖有病",源于一种传统的婚姻习俗。古时候女子再嫁,其带子和带女,绝大多数身遭虐待而死于非命。带女略有姿色的,常被其继父猥亵甚至奸污,结局悲惨不堪。新夫为掩人耳目,往往对这类所带子女在进门之前要先立文书,即所谓的"随身契"。契中写明所带的子女患有重病,甚至患有不治之症。这样一来,带子、带女即使有个三长两短,新夫亦可避于指责。故有"一纸'随身'成牢囚,无病亦作有病人"之说。为了作秀,新夫还要求带子、带女进进出出时必须由大人牵引,甚至必须"拖"着大人的衣裙才能走路,以示带子、带女们病得不轻。这些带子、带女就被称为"拖有病",谐音"拖油瓶"。

当然,关于"拖油瓶"的来历,肯定还有其他版本。但有一点是明确的,即"拖油瓶"的含义是唯一的,即女子再嫁时带到新夫家的子女。

链 接

蔑 称 种 种

"拖油瓶"是一种蔑称。蔑称又叫辱称,是对人表示仇视、蔑视、怨恨、反对等激烈感情的称谓。常把人丑化、物化、禽兽化,如称人"混蛋""狗东西""逆贼"等。下面再举数例。

秃奴 旧时对僧人的蔑称。

长毛 清军对太平军的蔑称。太平军一律恢复明制,男人蓄长发,与清人的剃发留长辫有所不同。因而清军常称太平军为"长毛贼"。

凤凰男 取意俗话"山沟沟里飞出金凤凰",常用来指出身贫寒、依靠自己的奋斗留在大城市发展的男生。在网络语境中,"凤凰男"又被赋予了自卑、敏感、愚孝、大家族观念等特点。他们经常因陈旧的封建观念与城市伴侣发生矛盾。

普信男 最早出自某女脱口秀演员的一句经典语录:"你那么普通,却又那么自信。"用来形容那些条件普通,却在女性面前自信心爆棚的男生。

海王 指那些与多名女性有暧昧关系的男生,他们的暧昧对象就像海洋里的生物一样多。有同样特点的女生,则被称为"海后"。

绿茶 喻指那些外表清纯、楚楚动人,实则心机深沉的女生。绿茶是茶类中清新淡雅的一种,故有此说。

老帮子 方言,对老年人的蔑称。

瘪三 上海人称城市中无正当职业而以乞讨或偷窃为生的游民。

条子 港台警匪片中犯罪分子对警察的蔑称。

小三 当代人对婚姻中"第三者"这一角色的蔑称。

"望其项背"赶得上

1. 对公众直播生孩子这类隐秘的事情,我们的媒体敢想敢干,连西方人也要望其项背。

2. 森林狼队在主场战胜实力强劲的魔术队之后,已经成为全联盟迄今为止战绩最好的球队,连卫冕冠军湖人队现在也仅有 7 胜 1 负的战绩,只能望其项背。

诊 断

误解词义。"望其项背"的意思就是,能够望见别人的颈项和背脊,表示赶得上或比得上。上述例句把"望其项背"当作"赶不上"的意思来用了,结果使实际表达出的信息恰与作者的本意相反。均可改为"望尘莫及"。

辨 析

"望其项背",也作"望其肩项""望其肩背"。其中的"项",义为颈项;"背",脊背。成语义为能够看到他的背影。比喻可以企及他所达到的境界。既然能够看得到对方的颈项和脊背,那么就肯定离得不是很远,后者是可以赶得上前者的。比如摩托车拉力赛上,如果后边的运动员能看到对方,那就说明相距不远。

人们多用"望其项背"的否定式来表达"远远落后于某人"之意。如,清汪琬《与周处士书》:"议论之超卓雄伟,真有与诗书六艺相表里者,非后世能文章家所得望其肩项也。"又如,"雅典奥运会男子 110 米栏的决赛上,中国选手刘翔获得金牌,他的成绩为 12 秒 91,打破奥运纪录,同时也追平了世界纪录,令对手不能望其项背。"(新浪体育,2004-08-28)

汉语中,要表示赶不上这个意思,有个成语叫"望尘莫及",可以看作是"望其项背"的反义词,谓远望前面车马飞扬的尘土而追赶不上,喻指远远落后。

链 接

一道高考语文真题

1998 年高考语文试卷中,有一道与成语"望其项背"有关的判断正误题:

成都五牛队俱乐部一二三线球队请的主教练及外援都是清一色的德国人,其雄厚财力令其他甲 B 球队望其项背。

了解了"望其项背"的准确含义之后,就不难作出判断了。这句话要表达的意思是"成都五牛队实力很强,别的甲 B 球队无法相比",但用上了"望其项背"后,表达的意思就跟作者原来想表达的意思相悖了。如果要修改的话,只要加上表示否定的词语就可以了,比如"不能望其项背""难以望其项背""非……所能望其项背"等。

词跟百析

令人钦佩的"危言危行"

1. 美国政府在台湾问题上的危言危行,只能是搬起石头砸自己的脚,势必受到全世界人民的唾弃。

2. 陈水扁不断散布台独言论,干着分裂国家的勾当,这些危言危行总有一天会成为套在他脖子上的绞索。

诊　断

望文生义。上述两例错误地把"危言危行"的"危"理解成"危险"了。可改为"危险的言论与举动"。

辨　析

"危言危行"的"危",意思是正直。成语的意思就是"说正直的话,做正直的事"。出典是《论语·宪问》:"邦有道,危言危行;邦无道,危行言孙(xùn,同"逊",谦逊、谦恭)。"朱熹《四书章句》集注:"危,高峻也。孙,卑顺也。"《汉书·贾捐之传》:"臣幸得遭明盛之朝,蒙危言之策,无忌讳之患。"颜师古注:"危言,直言也。言出而身危,故曰'危言'。"

"危言危行"的做法,往往是不顾及忌讳。这是需要勇气的。这一成语只能用在褒扬的语境中。比如,晋陈寿《三国志·魏志·杜畿传》:"当官不挠贵势,执平不阿所私,危言危行以处朝廷者,自明主所察也。"又如,"晏婴(?—公元前500),春秋时齐国夷维(今山东高密)人。历仕灵公、庄公、景公三世,景公时为相,以节俭力行、危言危行显名于诸侯。"(百

度文库,2010-02-18)

"危行"不是指如暴力革命、以恶抗恶般的危险行为,而是君子不随波不媚俗的高洁品行。无论邦有道无道,"危行"都是必须的,而"危言"只能对愿意听的人才能发生效力,也才有必要。因此,"言孙"并不是怯懦,而只是为了确保"危行"的可能。

链 接

说 "危 言"

"危"是一个会意字。从小篆字形来看,上面是人,中间是山崖,下面是腿骨节形。人站在山崖上,表示很高。字的本义是立在高处而感到畏惧。

现代汉语中,"危言"主要有两个含义:其一,直言。比如,"危言正色""危言危行""危言逆耳""危言高论"等成语中的"危言",都是刚直、正直的言论的意思。其二,使人感到惊恐或震动的言论。比如,宋无名氏《道山清话》:"绛(人名)欲以危言中伤大臣,事既无根,徒摇众听。"成语"危言耸听"中的"危言",也是这一用法。

"未亡人":寡妇的专称

错 例

1. 有人认为,安琪是乔家的女儿,是乔家唯一的未亡人,她讲的话真实可靠,反映的是事实。

2. 对于一个家庭而言,最大的财务风险就是收入的主要创造者突然故去,导致未亡人丧失经济来源,无法维持正常生活。

诊 断

望文生义。"未亡人"就是寡妇,只能用于死去丈夫的女子。例1误把幸免于难的女儿当成了未亡人,可改为"健在者";例2所谓的"未亡人",可能是妻子,亦可能是丈夫或家里的其他成员,所以改说为"家庭其他成员"才妥当。

辨 析

"未亡人"是一个专称,这一称谓出现得很早。《左传·庄公二十八年》:"(楚令尹子元)为馆于其宫侧而振万焉,(文王)夫人闻之泣曰:'先君以是舞也,习戎备也,今令尹不寻诸仇雠,而于未亡人之侧,不亦异乎!'"大意是,楚文王死后,令尹(楚国丞相为令尹)子元想引诱楚文王夫人,就在她的宫旁盖了所房子,天天在里面摇铃铎,跳"万"舞。文王夫人听了,哭着说:"先君让人跳这个舞,是演习战备的。现在令尹不把这个舞用于仇敌,却用在未亡人的旁边,不是很奇怪吗?"

《左传·成公九年》中还有一个用例。"穆姜出于房,再拜曰:'大夫勤辱,不忘先君,以及嗣君,施及未亡人,先君犹有望也。'"大意是说,穆姜从厢房里走出来,拜了两拜说道:大夫辛勤,不忘记先君以及嗣君,延及于未亡人,先君也是这样期望您的。训诂学家杜预解释说:"妇人夫死,自称未亡人。"

显然,"未亡人"在《左传》中是寡妇的自称。后世也一直以"未亡人"代称寡妇。比如,茅盾《泡沫·赵先生想不通》:"赵先生听声音就知道一个是他的老二,一个是刚刚十九岁就已成了'未亡人'的他的大儿媳。"

链 接

"遗孀"之类

汉语里,"遗孀"的意思和"未亡人"一样,都是指寡妇。"孀",形声字,从女。本义是丈夫死亡后未再结婚的女人。"霜"既是声符,又兼有表义作用。寡妇要守节,不再婚嫁,像自然界的霜一样冰清玉洁,所以守节又叫"守孀"。

在传统中国,妇女"出嫁从夫",是丈夫的私有财产。丈夫死了,妻子就是他"遗"下的女人,就像"遗物""遗产"一样,所以称"遗孀"。

在今天,"遗孀"这类明显地带有封建意味的词,以不用为宜。

有论者认为,自古以来,人们生活在一个男尊女卑、男性社会地位要显著高于女性的社会之中。这种社会地位的差别,逐渐派生出性别歧视的观念。在日常的称呼语中,性别歧视现象极其明显。早期封建时期的女子大多无名,出嫁前随父姓称为

"某氏",出嫁后继而再冠上夫姓成为"某某氏"。而到了近代,思想虽得到了一定的解放,但在称呼上依旧不能从夫姓或父姓中脱离出来。即使到了现在,对于一些社会声望较高、以往多由男性为主导的职位,在称呼女性时往往在称呼前加个"女"字,譬如"女博士""女医生"等。显而易见,在人们的思想意识中,无标记的该类称呼往往被认为是男性。此外,频繁使用的口语化词汇中,尤其是粗俗的口语中,女性往往成为发泄的对象,譬如"黄脸婆""他妈的"等。(孙怡洋《浅析汉语语言中的性别歧视现象》,《汉字文化》2018 年第 18 期)

一"位"杀手?

错 例

1. 灯光昏暗的客房里,聚集着十多位歹徒,他们神色紧张,正在准备各自的工具,计划实施下一个罪恶行动。

2. 昨日凌晨 5 时许,四五位贵州籍小偷开着小车,窜到永春榜头工业区某体育用品有限公司欲盗窃针车等物品。巡逻的保安发现后立即报警。

诊 断

没有把握好词语的感情色彩。量词"位"带有褒义色彩,不可使用在消极人物身上或没有明显褒扬义的语境中。上述两例中的"位",均可改为"个"。

辨 析

量词丰富是汉语的一个特点。量词的作用有三个:一是区别语义,二是表达词语的色彩,三是协调音节。不同量词的使用,既有习惯性又有选择性。

称人的量词,最常用的有两个:一是"个",一是"位"。它们表达的功能是有差异的。用"个"称人,是比较客观的叙述,没有明显的感情色彩;用"位"称人,表示敬意,是一种尊敬的说法。比如"一个对手"和"一位对手",差别就在于后者用了敬辞,是一个尊敬的说法。又如,我们可以说"八个婴儿",但不宜说"八位婴儿",因为婴儿还没有社会身份,不必用敬辞称呼之。

除了"个"与"位",称人还可用量词"名",它是一个中性词。例1的"十多位歹徒"和例2的"四五位贵州籍小偷",也可分别改说成"十多名歹徒""四五名贵州籍小偷"。不过有一点必须注意:使用"名"时,所修饰的"人"必须是上了名册的,有案可稽的。学校有名册,可以说"一名学生",律师有名册,可以说"一名律师";而商店一般都不设顾客名册,因而不宜说"一名顾客"。在日常生活中,就更不能称"一名大爷""一名小贩"了。

链接

敬辞"位"的来源

"位"本指朝廷中群臣的位列。上古时代,君臣在朝廷上各占其"位"。据《礼记·明堂位》记载,周公在明堂(古代帝王举行朝会、祭祀、庆赏、选士、养老、教学等大典的地方)接待前来朝见的诸侯时,规定了人们各自所在的位置,天子、三公、侯爵、伯爵、子爵、男爵等站立的位置都不同。这种按照人们的不同身份地位而确定各自特定站位的制度,并不仅限于明堂之上,而是全面施行于各种祭祀、典礼、朝会等比较重要的场合。比如,《左传·昭公十六年》记载:晋国韩起到郑国去聘问,郑伯设享礼招待他。郑臣孔张来晚了,被掌管典礼的司仪阻挡住而无法站到位列中去,只能到悬挂着的乐器的间隙中去待着,遭到了客人的耻笑。为此郑大夫富子责怪执政者子产:"孔张失位,吾子之耻也。"子产也因此大怒。

后来,"位"由"位列"义扩大引申,泛指一般的人、物所占所在的地方、空间,比如"铺位""舱位""席位""座位"等。

现实生活中，一个人的职位可以最充分地显示他的社会地位，所以中国人早有以职位作为尊称的传统，如"周总理""李书记""王局长"等。出于同样的思维逻辑，表示"职位"的"位"进一步抽象化，演化出一个人称量词的用法，如"诸位""列位""各位"，等等，都含有敬意。

"文不加点"无关标点

1. 这篇描写九寨沟旖旎风光的稿子,没什么新意,有的句子百十来字长,文不加点,令人费解。

2. 做语文老师有一大苦处,就是批阅学生的作文。有的作文,文不加点,字迹潦草,读起来那真叫头疼。

误解成语的含义。"文不加点"是说文章才思敏捷、一气呵成,上述例句把"文不加点"错误地当作"写文章不加标点符号"这一意思来用了。均可改为"没有停顿"。

古人用毛笔竖行书写,发现写错了字,就在右上角涂上一点,表示删去。"文不加点"是一个褒义的成语。这里的"点"即涂上一点,表示有修改。成语的意思是说,文章一气写成,无须修改。多形容文思敏捷,写作技巧纯熟。出典是祢衡《鹦鹉赋》:"衡因为赋,笔不停辍,文不加点。"祢衡是汉末文学家,长于文章辞赋,文采斐然。但他恃才傲物,喜讥嘲权贵。曹操、刘表都接受不了他,把他转送至江夏黄祖处做书记官。任内,祢衡到蔡邕所作碑文,过目不忘,事后默写,一字不误。因此事他深受黄祖之子黄射敬佩。一次,黄射大宴宾客,有人献鹦鹉一只。祢衡应黄射之请,于江夏黄祖公堂上即席作《鹦鹉赋》一篇,援笔一挥而就,"文不加点"。后来就以此赞美写作时下笔千言,瞬间一挥而就的才华。例如,"对我来说,更重要的是从中充分感受到了先生平易近人、关心青年的胸怀,以及堪与古人笔不停辍、文不加点媲美的才情。"(和讯网,2008-07-21)

"文不加点"的近义词是"一气呵成"。掌握好这一成语,关键是对其中"点"的理解,不要望文生义地把它解释为今天的标点。

链 接

2004 年高考北京卷第一大题第 4 题

下列句子中,画底线的词语使用确当的一句是(　　)。

A. 环境污染和一些人为的原因,使著名的阿尔巴斯白山羊的品质正在逐步地<u>蜕化</u>。

B. 这件事对于我无异于晴天霹雳,一块珍藏多年价值连城的碧玉,顷刻变成<u>一文不名</u>的瓦片。

C. 他最近出版了一本<u>文不加点</u>、几乎没有注释的旧体诗集子,这样的书,读起来确实累人。

D. 早在 30 年代,他因创作长篇小说《梦之因》而<u>名噪一时</u>,成为京派作家的后起之秀。

正确答案是 D。A 项"蜕化"当作"退化";B 项把"一文不名"当作"一文不值"来用了;C 项把"文不加点"当作"写文章不加标点"来用了。

应遭谴责的"无所不为"

1. 黄永玉先生恋乡重义,在故乡凤凰,题匾额、写对联、拟碑文、画壁画、作设计、搞联络、引外资,还在凤凰县电视台举办电视讲座,谈古城保护如何可居而后可游的道理,真是无所不为。

2. 为了爱女,他毫不吝啬,无所不为,购下的这套大房子面积 5000 多平米,有花园有泳池,600 万的装修,让女儿有了个安乐窝。

感情色彩不当。"无所不为"说的是什么坏事都干,是一个贬义词。上述两例并非贬义性的语境,故均应改为"无所不至"。

"无所不为"与"无所不至"的最大不同,在于感情色彩上的差异。

"无所不为"是一个纯粹的贬义词,义为没有不干的事情,即什么坏事都干。比如,《儒林外史》第一回:"〔知县〕在这里酷虐小民,无所不为。"续范亭《庆祝苏联十月革命节想到我们自己的国家》:"无耻之人无所不为,势利小子到处皆有。"自古及今都是这么使用的。例 1 用此词来表达黄老对家乡做的贡献,例 2 用来表示对女儿的关爱,显然都是辞不达意。"无所不为"的近义词是"为所欲为"。

"无所不至"出自《论语·阳货》:"苟患失之,无所不至矣。"

汉代学者郑玄解释说："无所不至者,言其邪媚无所不为。"其用法比较丰富,褒义、中性、贬义的用法都有。(1)犹言无所不为,什么事都干得出来。多作贬词。宋岳飞《奏画守襄阳等郡营田札子》:"金人累年之间贪婪横逆,无所不至。"冰心《两个家庭》:"孩子们也没有教育,下人们更是无所不至。"(2)无处不到。极言所到之广。《史记·货殖列传》:"周人既纤,而师史尤甚,转毂以百数,贾郡国,无所不至。"(3)犹言无微不至。极言其周到。清百一居士《壶天录》卷下:"慈母爱子之心,无所不至。"

链接

词语感情色彩的社会性

词语的褒贬义,就是词语的感情色彩。它与社会生活以及人们的语言心理等有着非常紧密的共变关系,是人类对真善美和假丑恶的是非、伦理、道德评判在词义中的反映。一般情况下,这种评判体现了全人类千百年来约定俗成的共同的情感认定标准,因而感情色彩是具备社会性和稳固性的词义内容的一部分。但是,另一方面,社会、时代和人类认识的发展也会带动主体对某些对象情感评判标准的变化。

现代汉语在其发展过程中,词义的感情色彩发生过两次大规模的变迁:一次是中华人民共和国建立后一直到"文化大革命",其最主要的表现是"贬义化",最终使这一阶段成了汉语历史发展过程中贬义性词语使用范围最广的时期。如"帝王、圣人、地主、公子、少爷、小姐、资本家、贵族、情人、权威"等,在中华人民共和国成立后特别是"文革"中都由褒义或中性演变为贬义。另一次是改革开放以后直到今天,其最主要的表现是"去贬义化",结果是此期成为现代汉语史上贬义性词语使用范围最小的时期。如"帝、皇、王、霸"等,在"文革"期间都是贬义词或贬义性语素,而进入新时期以来,却成为褒义词或褒义性语素。"影帝""跳水女皇""三冠王""称霸拳坛"等在媒体频频亮相,"策划""集团"等的感情色彩也由贬义(新中国建立后,特别是"文革"中)而中性(新时期)。

引起大家"物议"?

1. 但在那个社会里,从他嘴里说出来的这番真知灼见,就要引起大家物议了。

2. 人在江湖,要想摆脱众人物议,也难。在最新的大陆富豪排行榜前十名里,郭广昌名列其中,他遭到的非议也不少。

诊 断

叠床架屋,语义重复。"物议"即众人的批评,"大家物议""众人物议"说不通。可分别把"大家""众人"删去。

辨 析

掌握"物议",关键是对其中"物"的理解。"物议"的"物",不是指事物,而是指人,指自己以外的人。词语的意思就是众人的议论,多指非议。从古至今,都是这么用的。如《宋书·蔡兴宗传》:"及兴宗被徙,论者并云由师伯……师伯又欲止息物议,由此停行。"这里的"止息物议"就是平息众人的议论。清钱泳《履园丛话·旧闻·安顿穷人》:"昔陈文恭公宏谋抚吴,禁妇女入寺烧香,三春游屐寥寥,舆夫、舟子、肩挑之辈,无以谋生,物议哗然,由是弛禁。"这里的"物议哗然",就是众人议论纷纷。郭沫若《洪波曲》第八章六:"此外还有少数职员的女眷……于是便惹起了物议:'奇装异服,妖艳过市。'"

造成误用的原因,可能是不明白"物议"的"物"究竟是什么含义。有一个简单有效的办法,就是记住"物议"的近义词是

"众议"。这样就不会犯语义重复的毛病了。

链 接

"物"字也可指人

汉语中,"物"不但可以指物体,也可以指人。

范仲淹的《岳阳楼记》中,有"不以物喜,不以己悲"的句子。"物"与"己"对举,这里的"物",显然是"己"之外的"人",即他人。像这样的称他人或众人为"物"的例子还有很多,如:"物望",是指众望,人望;"物议""物论",是说舆论,即众人的议论、评价;"傲物",是说自负,轻视他人;"尤物",指优异的人(多指美女)或物;成语"待人接物",是说接待人,与人交往,其中的"物"也一直保存着古义;等等。

在受了汉字、汉语影响的日文中,有时也将人称作"物",将杰出人物简称为"杰物"。日本出版有《中国杰物传》,像汉宣帝、诸葛亮等人,就被当作"杰物"收录其中。

不宜自言"笑纳"

错 例

1. 尉迟敬德（唐朝大将）恭敬地把一幅画像送给皇上李世民。皇上高兴地说："那朕就笑纳了。"

2. 多年不见的老乡捎来了一大捆家乡的土产——蒲菜。我推辞不了，最后只好笑纳了。

诊 断

张冠李戴，敬谦错位。"笑纳"只能出自送礼物的人之口，不能用在其他人身上。上述两例的"皇上"和"我"，都是接受礼物的人，所以"笑纳"都用错了。均可改为"收下"。

辨 析

敬辞与谦辞的使用，具有方向性。谦辞指向说话人自己，而敬辞指向对方。"笑纳"是一个敬辞，是请人接受馈赠时说的套语，比如"不成敬意，请你笑纳""微微薄礼，请你笑纳"等。此处的"笑"，就是见笑、哂笑、轻微地讥笑；"纳"，接纳、收下。送礼的人说这个词时，意谓自己的礼物太轻薄了，让受礼的人见笑了。《儿女英雄传》第三十八回："再带去些微土物，千里送鹅毛，笑纳可也。"郭沫若《屈原》第二幕："送了这点菲薄的礼物，以备阁下和阁下的舍人们回魏国去的路费，真是菲薄得很，希望阁下笑纳。"

接受礼物的一方，不可说"笑纳"，而可以说"领情""拜领"等。"领情"，接受对方的礼物或好意而心怀感激，如"大家的好

189

意,我领情了";"拜领"是一个敬辞,用于感谢对方的馈赠,如"拜领厚赐,不胜感激"。

链 接

礼貌用语的文化底色

中华民族素有礼仪之邦的美称,讲究名正言顺。《论语》中便说"名不正则言不顺,言不顺则事不成,事不成则礼乐不兴"。表现在语言上,则是礼貌用语的丰富多彩;而礼貌用语上的区别,便是中国封建社会重级别差异的社会观念的折射。《管子·五辅》中说:"上下有义、贵贱有分、长幼有等、贫富有度,凡此八者,礼之经也。"这种上下、贵贱、长幼、贫富之别,就是礼的根本。礼是建立在等级差异之上的。

为了体现等级、差距,礼貌用语遵循"贬己尊人"的原则,人为地扩大说话人和受话人之间的社会距离和相对权势,以表示对对方的尊重。中国人礼貌的核心便是"自卑而尊人",即涉及与自己有关的事,说话人应表现得较为谦逊,甚至卑微,而提及与对方有关的事情时则要尽力抬高对方,以示尊敬。这种礼貌原则在汉语的谦辞、敬辞系统中体现得尤为明显。在说及自己时,中国人会用上"鄙""贱""拙""愚"等字,如"鄙见"(谦称自己的见解)、"敝校"(谦称自己所在的学校)、"拙荆"(称自己的老婆)、"愚兄"(向比自己年轻的人自称),等等;在涉及对方时,往往用"惠""垂""贵""令""台"等字,如"惠赠"(指对方赠予财物)、"驾临"(称对方到来)、"垂问"(表示别人的发问,多指长辈或上级对自己的询问)、"令郎"(称对方儿子)、"台鉴"(书信套语,用在开头称呼之后,表示请对方看信)、"劳步"(敬辞,用于感谢别人来访),等等。

"下里巴人"不是人

1. 他们以为中国的茶价格低廉,味道怪异,只是下里巴人解渴的东西,不登大雅之堂的。

2. 光顾的茶客,大多来自本村邻庄,就是那些穿粗布大褂吸"扁担烟"双腿沾泥的下里巴人。这些人互相见了面,打招呼没一个真名,都是别号绰号,甚或还有人叫"座山雕""胡汉三"的——这当然是取其形似而非神似了。

诊 断

误解词义。错把"下里巴人"当作普通的人、土气的乡下人来使用了。实际上,"下里巴人"是指通俗的、普通的文学艺术。

辨 析

"下里巴人"常和"阳春白雪"对举,它们本来都是古代楚国流行的民间歌曲,有着相同的典源。典出《文选·宋玉〈对楚王问〉》:"客有歌于郢中者,其始曰《下里》《巴人》,国中属(zhǔ,跟着)而和者数千人。其为《阳阿》《薤(xiè)露》,国中属而和者数百人。其为《阳春》《白雪》,国中属而和者,不过数十人。引商刻羽,杂以流徵,国中属而和者,不过数人而已。是其曲弥高,其和弥寡。"训诂学家李周翰解释说:"《下里》《巴人》,下曲名也。《阳春》《白雪》,高曲名也。"所以,"下里巴人"中虽有一个"人"字,但并非是指人,而是指通俗的歌曲、普及性的文学艺术。"下里"本义即乡里,"巴人"本义指巴蜀的人民,表明创作歌曲的人和地方,借代指相关的乐曲。可见,"下里巴人"本身就是运用了借代的修辞手法。

后来人们就用"下里巴人"与"阳春白雪"对举,分别指代通俗的艺术和高雅的艺术。例如,"请问王家卫导演,你的新片《一代宗师·叶问》请赵本山出演,但赵本山是'下里巴人',你是'阳春白雪',怎么会想到合作?"(《新闻晚报》,2009-04-25)

链 接

宋玉巧对楚王

宋玉是伟大诗人屈原的学生,作为文学侍臣,他常伴在楚王左右。一次,楚王试探性地问宋玉:"现在有不少人对你有意见,是不是因为你的一些做法不得体呢?"

宋玉巧妙地设了一个譬喻,为自己辩白:"大王,请先听我讲完一个故事吧。有位外地来的歌手,在我们都城的广场上演唱,当他引吭高歌《下里》和《巴人》这些通俗歌曲时,有几千听众跟着一起唱起来;……当他唱《阳春》和《白雪》这类比较高雅的歌曲时,能跟着唱的就只有几十人了;等到他唱更高级的商音、羽音时,还能跟着唱的也就只剩寥寥几个了。可见,曲调越是高深,能跟着一起唱的人就越少。实际上,为人做学问也是一样的啊。大王,越是杰出的人,越有着常人不能理解的思想和做法,所以被指指点点是很正常的事情呀。"

"先河"已含首先义

1. 无锡一地方新法规首开全国立法先河,为刑事案件被害人进行特困救助。

2. 上海专家首开世界先河　耳朵切一块修出靓鼻子(新闻标题)

诊　断

叠床架屋。"先河"中已经含有"首先"这一语义,前头再出现"首"字,就重复了。两例中的"首开",均可改成"开创"。

辨　析

"先河"是一个褒义词,语本《礼记·学记》:"三王之祭川也,皆先河而后海。"意思是说,古代帝王都是先祭黄河,后祭大海,以河为海的本源。先祭河,表示重视根本。后来就称倡导在先的事物为"先河"。如:清陈康祺《郎潜纪闻》卷一:"世皆以《四库》书成,归功纪、陆,不知学士(指朱筠)其先河也。"孙中山《祭夏重民文》:"觥觥我粤,革命先河。"汉语里与"先河"类似的语词有:先辈(泛指行辈在先的人)、先锋(作战或行军时的先头部队)、先驱(走在前面引导)、先行者(首先倡导的人)、先知(对人类或国家的大事了解得较早的人),等等。

现代汉语里最常见的说法是"开……先河",意思就是首先开创(或倡导)。《现代汉语词典》中举的例子是:"他主演《茶花女》等西洋名剧,开国人演话剧之先河。"而最常见的错误说法是

"首开……先河"。"首开",首先开始建立、首先创建。与"先河"搭配,显然存在语义重复。

链 接

"老师,您的新冠真好看!"

"先河"是一个文化词,携带着浓重的汉文化色彩。这种文化色彩,语言学上称之为"国俗语义"。国俗语义具有显著的民族性,反映了使用该语言国家的历史文化和民情风俗。大多数国俗语义,是词语反复运用而附着在其概念意义上的,是特定历史文化的沉淀。各民族语言中对应词的国俗语义存在着一定的差异性。不了解这一点,就可能造成交际的障碍。

有一个外国留学生,学了"弹冠相庆""怒发冲冠"中的"冠"字,知道了"冠"在这里是指帽子。后来见到老师戴着一顶新帽子,就赞叹道:"老师,您的新冠真好看!"留学生不知道"冠"是古语词,已经被通俗易懂的词语"帽子"所替换,口语里一般不再使用,只是用于特定的书面语里。

再如,"An old dog like him never barks in vain. Whenever he barks, he always has some wise counsel worth listening to."这句英文有人译成"像他这样的老狗,是从来不会乱叫的;一叫,总有高见值得一听。"虽然"old dog"和汉语"老狗"是对应词,但所含的国俗语义却迥异。汉语里的"老狗"是一个詈语,而英语中的"old dog"却是指"老手",即对于某种事情富有经验的人,类似"老马识途"中的"老马"。上述译句忽视了这一差异,结果闹了笑话。可将上句试译为:"像他这样的行家里手,从来不会随便发表意见;一旦发言,总有高见值得一听。"

情报"泄露"，毒气"泄漏"

1. 今天在网上看到报道，说内蒙古氨气泄露，导致多人中毒住院。

2. 有毒气体泄露报警器，是国际上享有声誉的气体检测仪厂家荣誉出品的。作为世界上最具有影响力的化工安全用品公司，多年来为全国生产制造出了多款可靠安全的检测仪。

诊 断

混淆近义词。"泄露"的对象是抽象的情报、消息，不是具体的物质。上述两例的"泄露"都用错了，应改成"泄漏"。

辨 析

凡是表示液体、气体等物质漏出、逸出这一意思时，只能用"泄漏"，不能用"泄露"。在现代汉语中，"泄漏"与"泄露（lòu）"读音相同，但用法有别。"泄漏"的使用范围广。凡是能用"泄露"的地方，都可以用"泄漏"；反过来则不行。

"泄露"的"露"，意思是暴露、显露；"泄"是"露"的原因。"泄露"强调的是一种行为，即由于故意或者过失，使原先处于隐秘状态的信息等被曝光，结果本来不该让人知道的事情让人知道了。如"泄露风声""泄露内幕"。可见，"泄露"的对象是机密的信息。

"泄漏"则是一个并列式词语，"泄"与"漏"同义，强调出，即液体、气体等物质离开了原来储存的空间，如"管道破裂后，石油大量泄漏"。由具体物质的漏出，再引申出抽象信息的"漏出"，故"泄漏"又可当作"泄露"用。

上述例句中的有害气体从贮藏的容器中逸出，这是一种具体物质。"有害气体"既非什么信息，也无隐秘性可言，"氨气泄露""有毒气体泄露"，显然讲不通。

链 接

"露(lòu)"字一族

在一些口语化的通俗性词语里，"露"读 lòu，基本意思是显出、冒出。下列词语里，"露"字都读 lòu。

露白　指无意中在人前露出自己带的财物（"白"本谓银子）。

露丑　露出丑相，丑事败露。

露底　泄漏底细、泄露事情的内容。

露风　漏风，走漏消息。

露富　显出有钱。

露脸　指因取得成绩而获得荣誉或受到赞扬，脸上有光彩。

露马脚　喻真相败露。

露面　出面，来到公众面前或进入公众的视野。

露怯　〈方〉因为缺乏知识，言谈举止发生可笑的错误。

露馅儿　比喻不愿意让人知道的事暴露或秘密泄露出来。

露相　〈方〉呈现出真面目、显示技能。

露一手　显示自己的能力或手艺。

露拙　显露出自己的弱点或不足。

"星辰"繁密,"晨星"稀疏

1. 清代的楹联大家多达数百人,灿若晨星,正是因为有了他们,清代的楹联才能和唐诗、宋词并驾齐驱。

2. 自由撰稿在西方国家是一种普遍的现象,但今天的中国,打出自由撰稿标牌的人实在是寥若星辰。

误解词义。"星辰"用来比喻众多,"晨星"用来比喻稀少。例1"灿若晨星"应该是"灿若星辰",例2"寥若星辰"应该是"寥若晨星"。

"星辰"与"晨星",虽只是一字之异,但意思大不相同。"辰",原是特指二十八宿(xiù)之一的心宿,后来泛指众星;"星辰"是星的总称,泛指星斗,它在晴朗的夜空显得密密麻麻,不计其数,故人们常用"繁星"来描述。秦牧《艺海拾贝·文学艺术与自然科学》:"譬如天上的星辰,看起来令人眼花缭乱。"

每当夜色将尽、晨光初露之际,除极亮的星体尚能被肉眼辨识外,其余的皆隐匿于视线之外,这时人们能看到的不再是繁星,而是稀疏的三两颗星,即"晨星"。成语有"寥若晨星",就是形容某事物稀少得好像早晨的星星。郑振铎《黄昏的观前街》:"太阳刚刚西下,街上的行人便已寥若晨星。"

上述例1,作者的本意是说清代的楹联大家众多,光彩耀眼,而"晨星"的特点是稀疏,用在句中显然不合语境。例2,按作者的本意,当然是极言公开亮相的自由撰稿人数量之少。这一意思,须用成语"寥若晨星"才是。

链接

丰富多彩的"星辰"

在汉语的历史长河中,"星辰"除了作为星的统称外,还有好多义项。(1)指岁月。唐孟郊《感怀》诗之三:"中夜登高楼,忆我旧星辰。"(2)喻辉煌的灯光。唐杜甫《奉送魏六丈佑少府之交广》诗:"新欢继明烛,梁栋星辰飞。"仇兆鳌注:"星辰,指梁上之灯。"(3)犹言流年。《醒世恒言·吴衙内邻舟赴约》:"求神占卦,有的说星辰不利,又触犯了鹤神,须请僧道禳解。"

心里有鬼，"形迹"可疑

1. 保安一下子认出那个东张西望、神色慌张的人就是公安局正在通缉的形迹不定的嫌犯李某。

2. 这几个犯罪嫌疑人虽拒不交代问题，但从他们的行迹判断，心里有鬼还是可以肯定的。

诊 断

同音词词义混淆。"行迹"就是行踪，"形迹"是一定的内心情感所流露出来的举止神色。例 1 的"形迹不定"应为"行迹不定"，例 2 的"行迹"应改为"形迹"。

辨 析

"行迹"与"形迹"，读音相同，用法大异。

从结构来看，"行迹"是偏正结构，意思就是行动的踪迹，近义词是"行踪"。而"形迹"是并列结构，意思是举动和神色。

"行迹"的含义比较单纯，是说一个人或动物停留的地方。如罗文坊《"向心扫荡"的破灭》："尽管日寇如此狡猾，最终还是没有发现我边区领导机关的行迹所在。"

"形迹"则是一个人的举止所流露出来的迹象，是其特定内心活动的外在表现。"形迹"是否可疑，一般可通过观察判断出来。其次，"形迹"也可以表示痕迹、迹象义，如"不留形迹"。周而复《白求恩大夫》三："从他身上看不出一点主任的形迹来，简直是一个勤快诚实的招呼员。""形迹"还可以表示礼法、规矩

199

义,如"不拘形迹"。胡适《寄吴又陵先生书》:"年来所以不曾通一信寄一字者,正因为我们本是神交,不必拘泥形迹。"

分别这两个词语,最重要的一点是:凡是说及一个人的精神面貌、神色时,一律用"形迹",不用"行迹"。

链 接

说"行"道"形"

"行迹"与"形迹"的区别,体现在语素上,就是"行"与"形"的差异。"行"小篆为𧾷,作动词用时,读 xíng。《说文》:"人之步趋也。从彳从亍。"引申指出游、出行、施行等义。成语有"行不由径""行色匆匆""行奸卖俏"等。

"形",小篆为𢖺。《说文》:"形,象形也。"《礼记·乐记》:"在天成象,在地成形。"引申指容色、容貌、形体等。《谷梁传·桓公十四年》:"望远者,察其貌,而不察其形。"成语有"形影不离""形影相吊""形单影只"等。作动词用,指显露、表现,如"喜形于色""形诸笔端";也指对照,如"相形见绌"。

教书在"杏坛"，治病在"杏林"

错 例

1. 他自称是"杏坛名医，能治百病"，实际上只是个江湖游医、骗钱的巫师而已。

2. 杏林常青，红烛永照。9月10日下午，光华双语学校的师生沉浸在浓浓的节日气氛之中。学校庆祝第 23 个教师节暨表彰大会正隆重举行。

诊 断

混淆词义。"杏坛"借指教育、教育界，"杏林"借指医学、医生。例 1 的"杏坛"应改为"杏林"，例 2 的"杏林"应改为"杏坛"。

辨 析

"杏坛"与"杏林"，虽然都有一个"杏"字，但表义却大相径庭。"杏坛"指教育人的地方，即教坛；"杏林"指医术，多用来称颂医家。

众所周知，"杏林"是中医界常用的词语，医家每每以"杏林中人"自居。典出汉末道医董奉的故事。相传三国时人董奉隐居庐山，为人治病不取钱，但使重病愈者植杏五株，轻者一株，积年蔚然成林。后因以"杏林"代指良医，并以"杏林春满""誉满杏林"等称颂医术高明。比如"悬壶济世杏林奇葩——记北京大学肿瘤学院超声科陈敏华教授"（北医校友会网，2008-04-21）。

"杏坛"最早见于《庄子·渔父》："孔子游乎缁帷之林，休坐乎杏坛之上。弟子读书,孔子弦歌鼓琴。"今天的山东曲阜孔庙大成殿前,还有一个杏坛。顾炎武《日知录》解释说:"今之杏坛,乃宋乾兴间四十五代孙道辅增修,祖庙移大殿,于后因以讲堂旧基甃(zhòu,砌义)石为坛,环植以杏,取杏坛之名名之耳。"因为传说孔子讲学之处是杏坛,后人才附会修建了个杏坛,并用"杏坛"泛指聚徒讲学之处、教坛。如"独有杏坛春意早,年年花发旧时红"(内蒙古新闻网,2005-09-16)。

链接

名医董奉的传说

董奉,字君异,福建侯官(今福州)人,有很高的医技,与当时的华佗、张仲景齐名,号称"建安三神医"。有很多关于董奉医术高明的传说。据记载,交州刺史士燮得恶疾昏死已三日之久,仙人董奉用自制药丸一粒塞入刺史口中并灌入少许水,捧其头摇消之。过了一会儿,昏死的刺史便神奇般地张开眼睛,手脚也能动弹,"颜色渐复,半日能起坐,四日复能语,遂复常"。

在诸多有关董奉传奇般的事迹中,最有影响的乃是他在庐山行医济世的故事。据《神仙传》卷十记载:"君异居山间,为人治病,不取钱物,使人重病愈者使栽杏五株,轻者一株,如此十年,计得十万余株,郁然成林……"董奉曾长期隐居在江西庐山南麓,热忱为山民诊病疗疾。他在行医时从不索取酬金,每当治好一个重病患者时,就让病家在山坡上栽五棵杏树;轻病愈者,只须栽一棵杏树。所以四乡闻讯前来求治的病人云集,而董奉均以栽杏作为医酬。几年之后,庐山一带的杏林多达十万株之多。杏子成熟后,董奉又将杏子变卖成粮食,用来赈济庐山贫苦百姓,一年之中救助的百姓多达二万余人。董奉的高尚品德,赢得了百姓的敬仰。在他羽化后,庐山一带的百姓便在杏林中设坛,祭祀这位仁慈的道医,后人又在董奉隐居处修建了杏坛、真人坛、报仙坛等以纪念董奉。

不可"悬赏"凶手

1. 悲愤老父:

50万悬赏杀儿真凶(新闻标题)

2. 花莲五子命案仍陷胶着　警方50万悬赏嫌疑人(新闻标题)

诊 断

语义错配。"悬赏"的宾语应是"寻人""缉拿"一类表示动作的语词,"杀儿真凶""嫌疑人"等都不合要求。可将例句中的"悬赏"改为"访求"或"悬赏捉拿"。

辨 析

"悬赏"的"悬",义为公开揭示、公布;"赏",义为赏赐或奖赏的东西。所谓"悬赏",就是出具赏格,即用出钱等奖赏的办法公开征求别人帮助做某事。汉陆贾《新语·道基》:"于是皋陶乃立狱制罪,悬赏设罚,异是非,明好恶。"宋欧阳修《论捕贼赏罚札子》:"臣伏见方今天下,盗贼纵横……得一捕贼可使之人,则必须特示旌酬,以行激励,苟或未能者,犹须县(通"悬")赏以待之。"清黄钧宰《金壶浪墨·汉奸》:"初林公悬赏购夷,夷众心悸,不留汉人在船。"陆柱国《岔路口》二:"地主豪绅到处悬赏要我的人头呢!"

俗语说,重赏之下,必有勇夫。"悬赏"的目的是让别人做某事。最常见的误用,是在"悬赏"后头直接跟名词性的标的物,如

"悬赏真凶""悬赏肇事者""悬赏破案线索"等。

"悬赏"的近义词是"访求"。"访求",即查访搜求,可以接名词性的宾语,如"访求善本古籍"。

链 接

现代汉语中的"离合词"

从词法上看,"悬赏"属于离合词。现代汉语中常用的离合词有 400 个左右。

离合词是涉及词汇和语法两个方面的一种特殊现象。这些词的共同特点是:第一,从语义上讲,似乎应该看成一个词,因为它表达了一个比较固定的完整的概念。第二,从用法上讲,常作为一个词使用,即两个语素挨着出现(这是所谓的"合"),但也可以拆开来不紧挨着出现(这是所谓的"离")。譬如"洗澡",可以说"我们在洗澡呢!",也可以说"一天洗了两次澡"。"悬赏"也是如此,既可以"离"开来用,如"悬完赏就等消息了";也可以"合"起来用,如"小孩丢了,我们只好悬赏寻人"。相对"离合词"而言,汉语中大量的词是不能离合使用的。譬如"修辞""改善""得罪""抱歉",等等,就很难把它们的两个语素拆开了用。

从历时的角度看,离合词是汉语单词向双音化过渡的中间状态。也就是说,一部分原来的离合词慢慢凝固了,一些新兴的离合词又不断产生了。离合词永远是一个动态的现象。

"模仿得栩栩如生"？

1.《哈利·波特》以其生动曲折的故事情节,惟妙惟肖的人物形象而引人入胜。

2. 李丽真是个鬼机灵,才上过王老师一节课,就能将其讲课的动作、神态模仿得栩栩如生。

诊 断

没有细辨近义词的区别。"惟妙惟肖"说的是成功的模仿,是与原型比照后而给出的评价;"栩栩如生"强调的是艺术创造的生动。例1,"惟妙惟肖"改为"栩栩如生";例2,"栩栩如生"改为"惟妙惟肖"。

辨 析

"惟妙惟肖"和"栩栩如生"这两个成语,虽然都有很像、逼真的意思,但在使用上还是有差别的。

"惟"是一个构词词缀,没有实在意义;"妙",精妙;"肖"读xiào,义为相似、像。"惟妙惟肖"是说模仿得很精妙,强调的是模仿的效果与被模仿的原型一致。丰子恺《学画回忆》:"于是亲友竞乞其画像,所作无不惟妙惟肖。"陈祖芬《祖国高于一切》:"说来也怪,只有她出走之后,他这做丈夫和父亲的人,才充分地领略了这一切遗传上的惟妙惟肖之处。"例2说的是李丽逼真地模仿出了王老师的讲课,所以应该用"惟妙惟肖"。

"栩栩",形容生动传神的样子。"栩栩如生"强调的是艺术创造的形象生动,不一定要有原型作比较。语本《庄子·齐物论》:"昔者庄周梦为蝴蝶,栩栩然蝴蝶也。"后用"栩栩如生"形容描写、刻画、创作等艺术作品的形象逼真,宛如活的一样。如"石壁上雕刻的龙,形态各异,栩栩如生",是说刻画出的龙,像活龙一样,好像在动。又如《负曝闲谈》第二十一回:"雕刻就的山水、人物、翎毛、花卉,无不栩栩如生。"秦牧《艺海拾贝·虾趣》:"这些画里的虾所以栩栩如生,是由于他深刻观察过真正的虾的生活。"例1说的是文学作品中的人物形象生动感人,并无原型作比较,所以应该用"栩栩如生"。

总之,"惟妙惟肖"与再现有关,关注的是外在的相似;而"栩栩如生"与表现有关,关注的是艺术作品的内在生命力。

链 接

"活龙活现"与谁近

"活龙活现"是形容说话、作文描绘得生动、逼真,使人感到像真的一样。从强调的重点看,它与"栩栩如生"更接近。例如,《古今小说·滕大尹鬼断家私》:"众人见大尹半日自言自语,说得活龙活现,分明是倪太守模样,都信道倪太守真个出现了。"也作"活灵活现"。如艾芜《百炼成钢》第一章五:"妹妹那种调皮的神情,含笑的眼睛,两条常常抖动的辫子,也活灵活现映在他的面前。"冯骥才《雕花烟斗》:"〔旧烟斗〕有的刻上一大群扬帆的船,有的雕出一只喞啾不已、活灵活现、毛茸茸的小雏雀。"

千年古树"夭折"了？

1. 才 60 多岁的人，前些日子和朋友跳舞时还好好的呢，不知怎么一来，上周竟突然夭折了。

2. 这株植于唐代后期的千年古树，原有的 14 根主枝在"文革"中被截去 9 根，险些夭折。

误解词义。"夭折"是说未成年而死。例 1"60 多岁的人"肯定是成年人了，"夭折"应改说"去世"；例 2"千年古树"也不能算是"未成年"，可改"夭折"为"枯死"。

"夭折"是一个合成词，其核心语素是"夭"。《释名》解释说："少壮而死曰夭。"《孟子·尽心上》有一句话："夭寿不贰，修身以俟之。"大意是说：长寿短命我都不三心二意，只是修养身心等待天命。又如，唐韩愈《祭十二郎文》："孰谓少者殁而长者存，强者夭而病者全乎？"另一个语素"折"，义为挫、损、断，含有挫败、损伤、折断的意思。

"夭折"的含义等于"夭"，本义为未成年而死。所谓"成年"，是指人发育到已经成熟的年龄。古代有"二十弱冠"的礼仪——行加冠之礼，表示男子成年，步入青年人行列，不再是小孩子了。故二十岁之前死亡均可称"夭折"。语本《荀子·荣辱》："乐易者常寿长，忧险者常夭折。"比如，《红楼梦》第九十八回："生禄未终，自行夭折。"陈学昭《工作着是美丽的》三五:"高老太太先有的四个孩子都夭折了,第五胎生的是一对孪生的男孩。"也比喻事情半途失败。比如,邹韬奋《患难馀生记》第一章:"杜先生身在狱中,他所创办的《新生》也夭折了,我于是筹划创办《大众生活》周刊。"

链 接

说　"夭"

甲骨文的"夭"字写作夭,其取象突出了人弯曲而有动感的双手,是一副人奔跑时双手上下舞动的样子。本义就是奔跑。在一些表示奔跑义的字中,"夭"也充当了主要的表义角色。比如"奔"字,上面是"大",下面是"卉";而在金文中写作夭,上面是"夭",下面的三个"止",描绘的是一个人放开脚步奔跑时两臂舞动的形象。

字义的引申,往往只及本义之一端而不顾其余。"夭"字由人奔走时手臂的摆动弯曲,引申出抽象的弯曲义。而屈曲不伸是初生万物的共同特征,"夭"字进而又可用来指称初生者。比如,木未长成可曰"夭",鹿未长大亦可称"夭"。初生事物具有欣欣向荣的内在特征,蕴涵着无限的生机,因此"夭"又可引申为茂盛义。生命力旺盛的事物是美好的,于是"夭"字又被用来表示人尤其是年轻女子的美好仪态,像"夭冶""夭美""夭娆""夭娇"等词语不可胜数。这一意义的"夭",后来干脆再加上"女"旁,写作"妖"。

在词义引申的途径上,辩证思维使词义的生发往往会向相反的方向延展。初生事物很脆弱,容易被摧折,因此"夭"字便具有容易遏制、容易摧残等含义。由此进一步伸展,"夭"便具有了"早死"的含义,如"夭折""夭亡""夭死"等即是。

"一发不可收"与"一发不可收拾"

1. 我写了一部描写农村现状的小说以后,便一发不可收拾,接连写了农村题材的几部小说,竟然成了作家。

2. 离本节结束还有 2 分 20 秒时,麦迪走上罚球线。两罚全中! 火箭 88 比 86 反超。成功防守住后,麦迪拿球高位面对贴身防守,果断地出手,命中!!! ……随后麦迪再次跳投得手,一发不可收拾,火箭 92 比 86 领先对手。

诊 断

语形近似致误。"一发不可收"与"一发不可收拾"这两个短语,意义不一样:前者说的是"不可收",即不可停住,是中性的;后者说的是"不可收拾",即不可掌控、处理,是贬义的。上述两例中的"一发不可收拾",都应改为"一发不可收"。

辨 析

"一发不可收"可以说成"一发而不可收","一发不可收拾"也可以说成"一发而不可收拾"。有的辞书认为"一发而不可收"也作"一发而不可收拾"。我们认为这样的处理不妥当,不利于汉语的精密化发展。

从意义上看,"一发不可收"的"一发",就是一旦发射、一经开始;短语的意思本来是说,箭一旦发射出去就不可收回它了,引申指"事情一经发生,就很难控制得住",强调的是"收",即感情或行动的约束、控制。比如,鲁迅《〈呐喊〉自序》:"从此以后,便一发而不可收,每写些小说模样的文章,以敷衍朋友们的嘱托。"

而"一发不可收拾"是一个贬义的说法。其中的"一发"是副词,义为更加、越发;短语的意思是说更加难以制止或处理,强调的是"收拾",即整顿、整理。比如,"美国经济和金融市场发生了非常大的变化。政府应当注意这一点,从紧货币政策不能太紧,否则会给宏观经济带来风险。也有经济学家认为,从紧货币政策一放松,中国经济将一发不可收拾。"(《每日经济新闻》,2008-1-21)

从感情色彩上看,"一发不可收"是中性的表达,不含价值判断;"一发不可收拾"是负面的评价,说的是局面会变得更糟糕。

链 接

成语"不可收拾"

汉语中有一个成语,叫"不可收拾",意思是说情况糟糕,不可挽救。成语的出处是唐韩愈的《送高闲上人序》:"泊与淡相遭,颓堕委靡,溃败不可收拾。"郭沫若《少年时代·反正前后》:"蒲殿俊辈登台之后,因为纵容兵士的结果,弄到了一个不可收拾的地步。"其近义词是"不可救药"。前头加上"一发",就变成了"一发不可收拾",中间也可以由连词"而"连接,变成"一发而不可收拾"。

"义无反顾"显正气

错 例

1. 赌博像一个充满诱惑的黑洞,他的嫂子无意间沾惹了赌博,义无反顾地赌了下去,结果很快就输光了家里所有的财产。

2. 敌人义无反顾地向我军阵地扑来,我们的战士毫不畏惧,和敌人展开了殊死搏斗。

诊 断

感情色彩不正确。"义无反顾"的近义词是"勇往直前",它们都是褒义词,不宜用来描写坏的、消极的对象。上述例1可改为"执迷不悟",例2可改为"孤注一掷"。

辨 析

"义无反顾"的褒扬义,来自其中的"义"字。传统中国的主流伦理观念是儒家文化。儒家积极提倡"义",即道义。儒家创始人孔子主张"义以为上",认为"义"是至高无上不可丢弃的,是成为君子的前提。君子是一个人应该追求的理想人格,立身行事都要以"义"为根本和依据。他提出"君子喻于义,小人喻于利",把通晓道义还是追逐私利作为君子和小人的重要区别。"义"是事之宜,即当为必为,不当为必不为;"利"是个人的利益、好处。君子应时时处处以"义"为上。孟子也主张"先义后利"。

"义无反顾"本作"义不反顾"。义:道义。反顾:向后看。成语的意思是,从道义上只有勇往直前,不能犹豫回顾。典出

《史记·司马相如列传》:"触白刃,冒流矢,义不反顾,计不旋踵,人怀怒心,如报私仇。"从古到今,"义无反顾"都是当作褒义来用的。比如,邹韬奋《持久战的重要条件》:"民众方面认清这一点,便应该存着百折不回、义无反顾的沉着的心理。"

注意,"义无反顾"原本亦作"义无返顾"。2002年公布的《第一批异形词整理表》规定"义无反顾"是推荐词形。

链 接

"义无反顾"的出典

司马相如是西汉时期著名的辞赋家。汉武帝很赏识他,让他在身边做官。当时,汉武帝派唐蒙负责修治西南蜀道。由于唐蒙征集民工过多,又杀了当地人的首领,引起了当地人民的暴乱。汉武帝命司马相如写一篇文告责备唐蒙,并向巴蜀百姓讲明修路的原因。

司马相如在文告中阐述了征集民工和士兵修路的必要性,也说明了惊扰当地人民,杀掉首领、长老并不是皇帝的意思,望当地百姓谅解。他希望巴蜀人民了解国家法令制度,不要逃亡或互相残杀。他还指出,"士兵战斗的时候,应该迎着刀刃和箭镝,勇敢地冲上前去,而不能回头向后逃跑,人人应怀对敌愤慨之心,打起仗来就像报私仇一样……"司马相如的文章写得非常有说服力,后来修路的工程顺利地完成了。

"意气"用事危险大

1. 有人说,"因言获罪"太严重了,他当时可能是义气之语,没有经过大脑。而我不这样认为。据报道,当记者给他呈上投诉人的信访意见书时,他当即要求检查记者的采访设备,并拔掉了采访机的话筒,可见他当时非常清醒,甚至是谨小慎微的。

2. 雏鹰腾飞苍穹,要有经历风雨吹打的心理准备,更要有搏击长空的义气。

音同义近致误。"义气"是一个褒义词,其核心意义指的是刚正之气,是一种道德评判;而"意气"除了做中性词使用外,经常用作贬义。例1,既然是"没有经过大脑",那就不应再称作"义气之语";例2,"搏击长空"只是一种气概,不涉及道德评判。两例的"义气",都应改为"意气"。

两个词语的侧重点不同。"义气"强调的是正义、正直,而"意气"强调的是气概、性格、情绪。

"义气",本指节烈、正义的气概。汉董仲舒《春秋繁露·王道》:"仇牧、孔父、荀息之死节,公子目夷不与楚国,此皆执权存国,行正世之义,守悁悁之心,《春秋》嘉气义焉,故皆见之,复正之谓也。"唐柳宗元《唐故特进南公睢阳庙碑》:"惟公与南阳张公巡、高阳许公远,义气悬合,讦(xū,大)谋大同,誓鸠武旅,以遏横溃。"引申指刚正之气。宋欧阳修《秋声赋》:"是谓天地之义气,常以肃杀而为心。"再引申指为情谊而甘愿替别人承担风险或作自我牺牲的气度。《水浒传》第五十一回:"他犯了该死的罪,我因义气,放了他。"

"意气"主要有三个用法:一指意志和气概,如"意气高昂"。上述例2说的是雏鹰搏击长空的气概,因而应用"意气"。二指志趣和性格,如"意气相投"。三指由于主观和偏激而产生的情绪,如"意气用事"。例1说的正是情绪方面的事,情绪激动之时说出的话就是"意气之语",多半是不谨慎的,"没有经过大脑"的。

链 接

"意" 与 "义"

"意"与"义",音同义殊。

"意"的本义是意志、愿望。《说文》解释说:"志也。从心察言而知意也。从心从音。""意"即心中的声音,引申指意思、见解等。"意气",即意志与气概;"风发",像刮风一样迅猛有力。"意气风发"形容精神振奋,斗志昂扬,不可写作"义气风发"。

"义"的繁体字是"義",会意字,从我从羊。"我"是兵器,又表仪仗;"羊"表祭牲。在古人的观念里,羊是美善的象征。"羊""羔羊"在古文献中成了"正直""高洁"的代名词。"义"的本义即正义、合宜的道德、行为或道理。《孟子·告子上》:"生,亦我所欲也,义,亦我所欲也,二者不可得兼,舍生而取义者也。"

"营利"与"盈利"

1. 轧钢厂办起来了,董继岐当了副厂长,头一年营利 30 万元。

2. 鉴于教育法已有明确规定,草案不再重复规定民办学校不得以盈利为目的。

音同义混致误。"营利"是谋求利润。"盈利"是获得利润,赚钱。错例 1 指头一年获得利润 30 万元,应用"盈利";错例 2 是说民办学校不得以谋求利润为目的,应用"营利"。

"营"有"谋求"的意思,"营利"指谋取利润。"盈"有"多出来""多余"的意思,"盈利"指扣除成本后获得的利润。"盈利"也可写作"赢利"。

"营利"既是谋求利润,就是一种主观上有获取利润动机的行为。这一行为可能产生盈利、持平和亏损三种客观结果,不论是否能达成获得利润的主观目的,这个行为都可以称为"营利"。"盈利"指获得利润,即强调客观结果——得到了利润。

"营利"和"盈利"都和获得利益有关,区别在于前者侧重获利的期望,而后者强调获利的事实。"营利"是"盈利"的前提行为,而"盈利"却不是"营利"的必然结果。

"营利"只作动词用;"盈利"既作动词用,也可作名词用。

我国刑法中的"以营利为目的"

"营利"在日常生活中较为常见。"营",在词典中是谋求的意思;而"营利"的解释也相对简单,即谋求利润。这种利润的谋求,可能是合法的,也可能是非法的。

但是,作为一个法律用语,在不同的部门法中,"营利"的含义会有所不同。

例如,在新颁布的《民法总则》中,就首次加入了"营利法人"和"非营利法人"的概念。根据《民法总则》第七十六条的规定,"以取得利润并分配给股东等出资人为目的成立的法人,为营利法人"。根据《民法总则》第八十七条的规定,所谓非营利法人,指的是为公益目的或者其他非营利目的成立,不向出资人、设立人或者会员分配取得利润的法人。在这里,"营利"就是指企业的出资者或者股东为了获取利润而投资经营,依法从所投资的企业获取资本的收益。可以看出,在《民法总则》中,营利体现出它的"合法性",即所有的营利法人,或者非营利法人,都是要经过国家的认可才能设立的。

而刑法中的"营利",与《民法总则》则不尽相同,它所讲的"营利",都是指非法营利。例如,我国《刑法》第三百零三条规定的赌博罪。我国不允许赌博(澳门地区除外),以营利为目的的赌博一定是非法的,没有也不可能经过国家认可。因此,刑法中的"营利",可以理解为"谋求非法利润"。

语文生活中,常见的一个差错是把"非营利性组织"误写成"非盈利性组织"。

"有口皆碑"与"口碑"

1. 导游告诉大家说:"友谊商店服务之差是有口皆碑的,这是大家公认的事实。不要再去那儿购物了。"

2. 侵华日军在南京疯狂屠杀中国平民,这是有口皆碑的铁的事实,任何狡辩都改变不了。

感情色彩错位。"有口皆碑"的含义是人人称赞,语用上看是个褒义词。上述例句中误以为是"人人诉说或指斥",把它当成贬义词使用了。

"有口皆碑"的"碑",指记功碑。成语的意思是说,所有人的嘴都是活的记功碑。比喻人人称赞。语出宋人释普济《五灯会元·宝峰文禅师法嗣·太平安禅师》:"劝君不用镌(juān,雕刻)顽石,路上行人口似碑。"

在使用"有口皆碑"时,需满足两个条件:一是被称赞的人物、事件必须是"突出的",是需要建立"功德丰碑"来长久颂扬的;二是被称赞的对象一般是经过较长时间的验证,被普遍肯定的。比如,"从幼年起杨宪益就不是一个用功读书的人,在牛津他的学习成绩并不出色,他把精力全部投入到自己感兴趣的书籍和社会活动之中,但他的文采和聪慧在牛津却有口皆碑。"(南方周末网,2009-08-04)

"有口皆碑"与"口碑"不完全相同。"有口皆碑"有褒义色彩,近义词是"口碑载道";而"口碑"一词既有褒义的用法,也有中性的用法,表示群众口头上的评价,如"口碑欠佳"的"口碑",就是中性的用法。

链接

2002年全国高考语文试卷第一卷第4题

下列各句中加点的成语的使用,恰当的一句是(　　　)。

A. 面对光怪陆离的现代观念,他们能从现实生活的感受出发,汲取西方艺术的精华,积极探索新的艺术语言。

B. 几乎所有造假者都是这样,随便找几间房子、拉上几个人就开始生产,于是大量的垃圾食品厂就雨后春笋般地冒出来了。

C. 整改不光是说在口头上,更要落实到行动上,相信到下一次群众评议的时候,大家对机关作风的变化一定都会有口皆碑。

D. 加入世贸组织(WTO)后汽车价格变化备受关注,但作为市场主力的几家汽车大厂,三四个月以来却一直偃旗息鼓,没有太大动作。

正确答案是A。B句,"雨后春笋"的意思是春天下雨后竹笋长得很多很快,比喻新事物大量出现,是褒义词,"造假者"非法大量建立垃圾食品厂的事实,显然不能用"雨后春笋"来修饰。C句,"有口皆碑"的意思是人人称赞,可改用"有目共睹"。D句,"偃旗息鼓"的意思是放倒军旗,停止击鼓,指停止战斗或停止行动;而从本句表达的意思看,"几家汽车大厂"实际上还没有开始采取行动,当然就谈不上"停止行动"了,可改用"按兵不动"。

"原形"与"原型"

1. 墙上挂着海明威与古巴老人格里高利·富恩特斯的照片,这位老人就是《老人与海》主人公圣地亚哥的原形。

2. 惠民一超市员工监守自盗　监控底下现出原型(新闻标题)

诊 断

音同义近致误。"原形"指事物原来的形状,本来的面目;"原型"指原来的类型或模型,特指叙事性文学作品中塑造人物所依据的现实生活中的人。错例1指小说中人物依据的现实形象,应改为"原型"。错例2指现出原本的面目,应改为"原形"。

辨 析

"形",《说文解字》:"象形也,从彡,开声"。"彡"为人身上的须毛和饰画的花纹。"形"的本义指形象、形体。"原形"指事物原来的形状。在古代神魔小说中,一些妖魔鬼怪善于变化成人形来迷惑别人。相对于变化后的外形,它们原来的真实样子也叫"原形"。用"原形"来比喻人本来的真实面目时,常含贬义,如"揭露原形""看清原形""暴露原形"等。今又指英语单词的原本形式,从原形转变为过去式、完成式、复数形式等。

"型",《说文解字》:"铸器之法也,从土,刑声。"本义为铸造器物的模子。根据模子可以制造出许多同样的器物来,一样的器物就成了一个"类型"。"原型"指原来的类型或模型,特指文艺作品中塑造人物形象所依据的现实生活中的人。此外，"原型"也多见于科学技术、工艺制造类场合，如"热力响应原型实验""交互原型""连衣裙原型"等。

虽然"原形"在感情色彩上多用于贬义，但也有中性的用法。"原形"用于贬义，符合一般人的语感和使用习惯。从词义上看，有"原形"意味着有掩饰"原形"的"新形象"，其真实面目是不可见人的。因此，"原形"常与"揭露""现出""露出"等词搭配，从而使"原形"隐含贬义色彩。但贬义只是"原形"的隐含色彩义，不是规约色彩义。"原形"作为中性词仍在使用，如："再把鸡直立起来顺着将骨架剔去，使皮和肉保持原形。"又如："衣物中加入一点点莱卡，能够提高其悬垂性与飘逸感，褶皱迅速回复，始终保持原形。"

链 接

"形" 与 "型"

"形"与"型"本义不同，但还是有混用的可能。下列三组词，需要特别注意。

1. "成形"与"成型"。两者适用对象不同。"成形"指动植物长成应有的正常形状，如："麦穗已经成形了"。在医学上指修复受损伤的组织或器官，如："进行外科成形手术"。"成形"也指事物形成某种清晰的状态，如："我们的计划开始成形"。而"成型"是指把工件、产品加工成一定的形状，如："从神舟一号到神舟十号，太空载人交通工具基本成型。"

2. "定形"与"定型"。"定形"出现得比较早，义为使形状固定或指固定的形状，如："与这种工艺相适应的成膜湿纺联合机组,由成膜凝固、脱水定形和纺纱三部分组成。"此外,也特指汉字史上文字形体结构的固定。如:"今天我们阅读用定形后的隶书书写的历史资料,一般都没有什么困难。"而"定型"出现较晚,是个现代词,指事物的特点逐渐形成并固定下来,如闻一多《文学的历史动向》:"《三百篇》的时代,确乎是一个伟大的时代,我们的文化大体上是从这一刚刚开端的时期就定型了。文化定型了,文学也定型了。"又如:"推动中国特色社会主义制度更加成熟更加定型,是对我们党治国理政科学体系的丰富发展。"

3. "体形"与"体型"。"体形"指人或动物身体的形状,也用来指建筑物、机器等形状。如"保持标准体形"。"体形"着眼于外部形状,如:"英国最高的牛身高超2米,体形庞大如小象。"而"体型"指人体的类型,主要着眼于各部分之间的比例,如:"成年人和儿童在体型上有显著的区别。"

军营有"辕门"，京城有"午门"

1. 这几句话，气得杨宗保几乎跌倒帅堂，二目圆睁，喝道："大胆狄青，敢将本帅屈枉痛骂，速速将他推出午门斩首！"

2. 曹操迟疑不决，陈宫自请死刑。曹操心存不忍，陈宫乃转身走向午门刑场。曹操念昔日交情，不禁为之泪下。

知识缺陷导致的差错。军营中只有"辕门"，没有"午门"。上述两例的"午门"均应为"辕门"。

"午门"亦称"午朝门"，是一个历史语词，义为帝王宫城的正门，是群臣待朝或候旨的地方。古代诗文中常有。唐王建《春日午门西望》诗："百官朝下午门西，尘起春风过玉堤。"清孔尚任《桃花扇·设朝》："众卿且退，午门候旨。"《中国民间故事选·孟姜女的故事》："大家都跑到午朝门外。"

"辕门"也是一个历史语词，本指古代帝王巡狩、田猎的止宿处，以车为藩，出入之处，仰起两车，车辕相向以表示门，故称"辕门"。《周礼·天官·掌舍》："设车宫、辕门。"郑玄注："谓王行止宿阻险之处，备非常。次车以为藩，则仰车以其辕表门。"引申指领兵将帅的营门。《史记·项羽本纪》："于是已破秦军，项羽召见诸侯将，入辕门，无不膝行而前，莫敢仰视。"可见，"午门"与"辕门"不能混为一谈。

上述例1,杨宗保的说话地点是在军营,作为主帅可以下令在"辕门"外处斩人犯,与"午门"无关。例2,曹操在下邳(今江苏邳州市)白门楼生擒了吕布和他的谋士陈宫。因陈宫足智多谋,曹操不忍杀之,欲劝其归降。陈宫不愿与曹操为伍,只求一死。曹操知劝降无效,含泪下令将陈宫斩首。下邳城自然不会有"午门",曹操应该是在辕门发号施令才对。

链接

"推出午门斩首"的传说

午门是紫禁城的正门,由五座建筑联成,正中一座大殿,两侧各有两座方形的亭式建筑,俗称"五凤楼"。"午"者,南也。古人以十二地支配方位,"午"为正南,因此为南方的代称。旧戏曲里常用五凤楼作为朝廷的代称。每逢重大典礼及重要节日,都要在午门陈设体现皇帝威严的仪仗。如每年腊月举行颁布次年历书的颁朔典礼、大军凯旋举行献俘礼等。明代时,大臣触犯皇家尊严,批"逆鳞",就会被绑至午门前御道东侧打屁股,名叫"廷杖"。起初只是象征性地责打,后来发展到打死人,故民间有"推出午门斩首"之言流传。

其实明清皇宫门前极为森严,把如此重要的地方作为杀人刑场是不可能的。在闹市杀人,大概是汉朝以来就有的规矩,即所谓"弃市"。自元朝以来,处决犯人多在菜市口或交道口等刑场。

"诤诤铁骨"?"铮铮铁骨"!

错 例

1. "天灾无情人有情。"日前,在金陵职业教育中心报告厅里,响起了这掷地有声的诤诤誓言。这是该校悼念四川地震罹难同胞、支援灾区系列活动之一。

2. 但英勇的杨将军在历史上,可一直是何峰心中诤诤铁骨的抗日大英雄。假如这样的人都不能信,在这世界上就无人可信了。

诊 断

义混致误。"诤"就是照直说出他人的过错,叫人改正;"铮",金属相击的声音。例1,说誓言有力度、掷地有声,应该是"铮铮誓言";例2,说人的性格刚强、坚贞,应是"铮铮铁骨"。

辨 析

"诤"(zhèng)是后起字,本作"争",义为直言规劝、强谏。因与言论有关,故义符为"言"。汉刘向《说苑·臣术》:"有能尽言于君……用则可生,不用则死,谓之诤。"可见,"诤"的程度比"谏"要严重得多。汉语中,把能够直言劝谏的朋友叫作"诤友";把朝廷的谏诤之臣叫作"诤臣"(引申指能指正先辈缺失的后辈);把直言规劝的话语叫作"诤言""诤辞"。

"铮"(zhèng),拟声词,一般叠用。"铮铮",形容金、玉等物的撞击声,如《花城》1981年第2期:"忽的听见外面响起铮铮的脚步声。"多用来比喻人的坚贞、刚强。如吴晗《灯下集·论海瑞》："海刚峰不怕死，不要钱，真是铮铮一汉子！"也比喻声名显赫，才华出众。如鲁迅的《二心集·〈艺术论〉译本序》："还组织了'火花'的团体，有当时铮铮的革命家一百人至一百五十人的'火花'派。"另外，"铮铮"还可以比喻言词刚劲有力，如《人民文学》1977 年第 9 期："'改造中国与世界'，七字铮铮天与地。"

链 接

胡适愿做"诤臣"

1933 年 3 月 31 日、4 月 28 日，时任国民党行政院长的汪精卫，连续写信请胡适出任教育部长和驻德大使，胡适回信拒绝。胡适认为，一旦自己加入政府，就没有现在这么自由，不可能保持一种独立，也就不能对政府进行一种有效的监督了。他在信中这样写道："我所以想保存这一点独立的地位，决不是图一点虚名，也不是爱惜羽毛，实在是想要养成一个无偏无党之身，有时当紧要的关头上，或可为国家说几句有力的公道话。一个国家不应该没有这种人；这种人越多，社会的基础越健全，政府也直接间接蒙其利益。我深信此理，故虽不能至，心实向往之。以此之故，我很盼望，先生容许我留在政府之外，为国家做一个诤臣，为政府做一个诤友。"胡适心目中的"诤臣"，以汉代的张释之、汲黯为典型。"张释之、汲黯虽不曾杀身成仁，他们都够得上'富贵不能淫，贫贱不能移，威武不能屈'的风范。"

"震耳欲聋"与"振聋发聩"

错 例

1. 今晚,天津体育馆内万余名观众的掌声经久不息,振聋发聩,淹没了馆外的惊雷。

2. 动物园的食物供应充足,白虎们根本不需要考虑竞争,但受本能驱使,白虎在进食前依然很凶悍,它们发出振聋发聩的怒吼,似乎是一种警告——这是我的食物,谁敢靠近,杀无赦!

诊 断

混淆词义。"振聋发聩"比喻精辟的说理足以唤醒糊涂麻木的人,上述两例使用都不当,可改为"震耳欲聋"。

辨 析

"振聋发聩"与"震耳欲聋"大不一样。

第一,描述的对象不同。"振聋发聩"也作"发聋振聩"。"聩":天生耳聋,引申为不明事理,比如"昏聩"。"振聋发聩"字面上指发出很大的响声,使聋子也能听见,而实际含义是用语言文字唤醒糊涂麻木的人,一般用来形容言论、艺术作品等的震撼力和启发性,并不用于形容声音。袁枚《随园诗话补遗》卷一:"此数言,振聋发聩,想当时必有迂儒曲士以经学谈诗者。""振聋发聩"的近义词是"醍醐灌顶"。而"震耳欲聋"则可以见词明义,谓声音大得耳朵都要被震聋了,单纯描写声音大,近义词是"震天动地"。

第二,感情色彩不同。"振聋发聩"是褒义词,运用夸张的修辞手法,极力赞美言辞等的魅力与影响。"震耳欲聋"则用来描绘各种声响,是客观的陈述。有时是中性的描述,比如,"今天这里的水不是很大,但是到了瀑布边上还是被那震耳欲聋的响声给震住了。"有时则多少包含一点厌烦的情绪。比如,沙汀《呼嚎》:"每座茶馆里都人声鼎沸,而超越这个,则是茶堂倌震耳欲聋的吆喝。"

链 接

说"振"道"震"

"振聋发聩"不能写作"震聋发聩"。由"振"字组成的词语和由"震"字组成的词语,在表达上有很大的区别。"振",振作、奋起,其结果对对象来说一般是积极的影响,如"振作""振兴""声名大振"等。"震",其结果对于对象来说一般是消极的、破坏性的,如社会动荡叫"震荡",震动使害怕叫"震慑",帕金森病的特点是"震颤麻痹",等等。

手机的一种设置状态叫 zhèndòng,有的人写作"振动",有的人写作"震动"。我们以为应该写作"振动"。"振动",是指物体通过一个中心位置,不断作往返运动,这种运动是有规律的,其结果没有破坏性;"震动",意即颤动、使颤动,是无规则的,其结果往往是消极的,甚至是破坏性的。手机的 zhèndòng 设置,目的是提示主人有来电或短信,对手机本身无疑是没有破坏性的结果的,故而应写作手机"振动"。

人大代表"质问"不"责问"

1. 这样的制度设计,意味着市长作为行政机关的负责人,接受人大代表的责问,是一项最起码的义务;如果做得不好,则理所应当地要对人大代表做出检讨。

2. 广东人大代表团责问财政厅长"钱哪去了"(新闻标题)

诊 断

混淆了近义词的区别。只有在对方做错了事而对其进行批评时,才可用"责问";表示质疑询问这一意思时,则应用"质问"。上述两例的"责问",均应改为"质问"。

辨 析

"责问"和"质问"都是不客气、不轻松的询问,但二者同中有异。"责问"就是用责备的口气问,目的是批评对方。"质问"表示依据事实问明是非,此时的目的则是询问;也可以表示"责问"义。

"责问"的"责"义为责备;词语意思就是责备、诘责究问。冰心《寄小读者》十五:"小朋友!为着跟你们通讯,受了许多友人严峻的责问。"责问,实际上是用"问"的方式进行责备,多用反问句,让对方意识到自己的错误。

"质问",强调询问以正其是非,即依据事实问明是非,是要对方作出解答,目的是弄清是非。其中的"质",义为"问明以就正"。《汉书·刘歆传》:"时丞相史尹咸以能治《左氏》,与歆共校经传。歆略从咸及丞相翟方进受,质问大义。"颜师古注:"质,正也。""质问"表达的心态是比较迫切的,往往语势逼人。巴金《家》二九:"'你们有什么理由没收我们的报纸?'张惠如气愤地质问道。"

"质问"的近义词是"质询",不过口气上"质问"比较强硬一点,"质询"比较中性一点。

链 接

议员的质询权

1954 年的宪法规定了全国人大代表的质询(当时叫"质问")权,1954 年的地方组织法规定了地方各级人大代表的质询权。

"质询"即质疑、询问,是议会监督政府的一种方式。质询的目的是了解情况,或督促行动。在这方面,西方国家的有些做法是值得借鉴的。如在德国,联邦议院对政府的质询分为"大质询""小质询"与议员"个人质询"。在大质询中,议员可以批评政府或者要求政府执行某项政策或证实政府政策。大质询主要由反对党提出,被认为是对政府进行政治监督的必不可少的因素。小质询可以要求联邦政府对某一特定事实进行澄清,用于指出政府工作的缺点和议员发泄不满情绪,是反对党攻击和为难政府的工具。议员个人质询的政党色彩较为淡薄,主要是议员个人用来为自己选区谋福利和提高在全国的知名度。

"致仕":做官,还是辞官?

1. 大量中国古代知识分子一生最重要的现实遭遇和实践行为,便是争取科举致仕。

2. 许多人就干脆把致仕做官当做买卖来做,先捐钱入学读书,混个生员文凭。有了这个资质,就有了某种实际好处,同时也创造了朝上走的可能。

误解词义。"致仕"是辞去官职,而不是做官。上述两例均可改为"入仕"。

汉语中一些词语的误解误用,可能和汉字的一字多义有关。

"致"字有归还、辞去等义,例如《国语·鲁语》:"子冶归,致禄而不出。"汉蔡邕《胡公碑》:"致位就第。"这两例中的"致",就是"归还""辞去"的意思。"仕"字一般解释为做官、任职,作动词;也可解释为官职、职位,作名词。

何谓"致仕"?古人已作了明确的解释。《公羊传·宣公元年》:"退而致仕。"何休注:"还禄位于君",就是把国君交与的职务归还给国君。例如《新唐书·白居易传》:"以刑部尚书致仕。"意谓白居易以刑部尚书的身份退休。"致仕"的同义词还有"致事""致政""乞骸骨""乞身""归老""归休""归养""退休""休致",等等。上述错例1,出自当代作家余秋雨的散文《十

万进士》(《山居笔记》第 225 页,文汇出版社 2002 年 1 月第 1
版),他显然是把"致仕"误解成了"获得官职"。

但是,同样是由"致"组成的词,如"致身""致命""致效"
"致治"等词中的"致",又不是"致仕"中"致"的意思了。"致
身"是献身入仕,与"致仕"正好相对;"致命"是可使丧失生命;
"致效"是献身效命;"致治"是达到天下大治。

链 接

古代官员的退休年龄

我国古代官员的退休制度,至晚始于周代。不同朝代的退
休年龄并不一致。

《礼记·曲礼》说:"大夫七十而致事。"又说:"五十而爵,六
十不亲学,七十致政。"意思是说,官员到了五十岁就可以授予大
夫爵位,到了六十岁就可以不再拜师学习(不执弟子礼),到了七
十岁就退休。规定退休年龄为七十有什么依据吗?《白虎
通·致仕》解释说:"臣年七十悬车致仕者,臣以执事趋走为职,
七十阳道极,耳目不聪明,跂踦(qīqī,跛行,行走不便)之属,是以
退老去避贤者,所以长廉远耻也。悬车,示不用也。致事,致其
事于君。"大意是说,人至七十,老而衰,不便在官场趋走服务了。

汉代官员欲致仕皆卑称"乞骸骨",致仕年龄无定制。如灵
帝即位时,胡广年已八十,仍代为太傅,老死任上。唐朝的致仕
年龄也较灵活。"诸职事官七十听致仕。……年虽少,形容衰老
者,亦听致仕。"若精旺力盛,胜任职守,亦可缓退。"年七十以
上,应致仕,若齿力未衰,亦听厘务。"宋朝规定文官年满七十为
致仕之期,武臣可延长十岁。若自愿亦可提前致仕。

明清两代对退休制度十分重视。明洪武元年（1368）规定："凡内外官员年七十者，听令致仕，其有特旨选用者，不拘此例。"洪武十三年（1380）正月，诏令"文武官年六十以上者听致仕，给以诰敕。"弘治四年（1491），又诏："自愿告退官员，不分年岁，俱令致仕。"清朝文官，六十岁令致仕。武官则不然，副将以下，年满六十，概予罢。低级武官，退休更早，参将五十四，游击五十一，都司守备四十八，千总、把总四十五。一句话，武官官职愈低，退休愈早。明清将退休年龄提前十年以上，客观上比较合乎实际。故官员六十退休的制度，相沿至今。

"终生"与"终身"

1. 打破终生制！教师资格五年一审,不合格者将被开除！

2. 仅仅几秒种,无情的烈火改变了这几个人的命运:有的断送了最宝贵的生命,有的面目全非,终生残疾。

诊断

音近义近致误。"终生"指从出生到死亡的一生,"终身"指具有某种身份后直至去世的一生。两个错例均是指某件事发生后的一生,应该用"终身"。

辨析

"终生"与"终身",两个词都解释为"一生""一辈子",但语义侧重点不同。

就字面意义讲,"终生"和"终身",终点都是生命结束,但起点不同。"终生"的起点多是生命开始,指出生到死亡的一生;"终身"的起点一般是获得某种身份,指从某件事发生的时间点开始,直到去世。

就语义侧重点来看,"终身"侧重于指切身的事情,常用于生活、婚姻、利益、职业、职务、权利等方面,事情持续的时间明显不等于人的一生。如"终身之计""终身大事""私定终身""终身不娶""终身保险""终身残疾""终身受益""终身教育""终身制""终身总统""剥夺政治权利终身"等。

"终生"则侧重于事业方面,如工作、使命、抱负等。当然,

"终生"使用时并不一定实指从一个人出生到死亡这一自然生命存续期,也可以用来泛指,表示时间之久长,强调信念之坚定,与社会身份关系不大。如"终生相爱""奋斗终生""终生难忘"等。

"终生"与"终身",也有两可的情况,如果从出生开始就拥有某种社会身份,那么"终生""终身"均可使用。如"终生/终身学习""终生/终身吃素"——使用时若倾向指从出生到死亡,用"终生";若倾向于指从某个节点开始到去世,则用"终身"。

链 接

为什么判处死刑还要"剥夺政治权利终身"?

"剥夺政治权利"是我国刑法规定的一种附加刑,是人民法院根据刑法的规定,剥夺犯罪人作为国家公民依法享有的参与国家管理和从事政治活动的权利。政治权利的内容主要包括四个方面:选举与被选举权;公民言论、出版、集会、结社、游行、示威自由的权利;担任国家机关职务的权利;担任国有公司、企业、事业单位和人民团体领导的权利。

对一些犯罪分子附加或单独使用"剥夺政治权利",主要原因有三:

第一,对危害国家安全和严重破坏社会秩序的犯罪分子剥夺政治权利,主要是因为此类犯罪都是故意犯罪,主观恶意强,社会危害极大。对这些敌视、蔑视国家制度和社会秩序的犯罪分子,国家当然要依法剥夺他们从事政治活动和参与国家管理的权利,因为如果不剥夺他们的政治权利,他们则有可能利用参与政治活动的权利继续从事犯罪活动。

第二,对被判处死刑、无期徒刑的犯罪分子判处附加剥夺政治权利,可以防止他们被特赦或假释后利用政治权利再从事犯罪活动。

第三,对一些严重的犯罪分子剥夺政治权利,可以防止他人代其行使某些政治权利,如以犯罪分子的名义发表宣言、著作等。

公民的政治权利是宪法所赋予的,非经人民法院司法判决不能以任何形式剥夺。政治权利不能继承、转让。除由人民法院判决减刑或撤销附加刑,被判处剥夺政治权利的人不能申请免除,也不能申请用其他刑罚替代。

犯罪分子被剥夺政治权利后,还依法享有民事权利和不服判决的上诉、申诉权利。如果有发明,可以委托他人代为申请国家专利,也可委托他人有偿转让,以实现其财产利益。

动词是"钟情"，名词是"衷情"

1. 宁波有一些衷情于一线奢华品牌的消费者，每年换季的时候都会坐飞机到香港去购买顶级消费品。

2. 诗人觉得要向表妹唐婉写信吐露离愁别恨的钟情太难了，因而哀叹"错、错、错"！

诊 断

误解词义。"衷情"是名词，不可带宾语；"钟情"是动词，可带宾语。例 1，"衷情"应改为"钟情"；例 2，"钟情"应改为"衷情"。

辨 析

"衷情"与"钟情"读音相同，但两个词语在用法上是有明显区别的，使用时不能相混。

其一，内部结构不同。"衷情"的"衷"是形声字，从衣，中声，本义为"里亵衣"，即贴身内衣，引申指内部、内心；"衷情"是偏正结构。"钟情"的"钟"是动词性语素，义为汇聚、集中；"钟情"是动宾结构。

其二，词性不同。"衷情"是一个名词，义为发自内心的感情，如"一片衷情""互表衷情""衷情欲诉谁能会，唯有清风明月知"。艾青《双尖山》诗："究竟是什么鸟在那树林里，唱着，唱着，唱着，好像在叫唤什么，好像在诉说什么，下雨了也不停，对山野倾诉衷情。"而"钟情"是一个动词，指感情专注、倾心，多指

237

男女之间的爱情,如"一见钟情"。梁斌《红旗谱》二五:"严萍听说运涛要长期住狱,那个钟情的姑娘还等着跟他结婚。"

链 接

说 "钟"

"钟"对应的繁体字有两个:"鐘"和"鍾"。"鐘",形声字,左形右声。本义为古代打击乐器,用青铜或铁制成;因古代的撞钟有提醒时辰的作用(如"晨钟暮鼓"),故引申指计时的器具,如"挂钟""闹钟"等;再引申指钟点、时间。

"鍾",也是形声字,从金,重声。本义为古时盛酒的器皿(也称"盅")。因为"鍾"有积聚酒类液体的功能,于是引申出汇聚、集中义。段玉裁《说文解字注》:"古者此器盖用以宁(贮)酒……引申之义为钟聚。"如杜诗名句"造化钟神秀,阴阳割昏晓"。

当代学者钱锺书的名字,转换成繁体字应该是"錢鍾書",而不是"錢鐘書"。杨绛《记钱锺书与〈围城〉》说明了钱锺书取名的缘由:"锺书周岁'抓周',抓了一本书,因此取名'锺书'。"可见钱锺书的"锺",义为感情专注,其繁体字是决不可写作"鐘"的。

"捉刀"还是"捉笔"?

1. 小余先是帮某某领导搬煤气、扛大米、搞清洁卫生，又为某某领导的研究生考试捉笔做枪手。

2. 他的画深受好评。耕堂刊本《王望如评论水浒传》四十页插图也由他捉刀，十分传神，风靡一时。

诊 断

混义致误。"捉笔"就是执笔，指写作或创作；"捉刀"则是代替别人做文章，引申指代替别人考试、做作业等。例1"捉笔"应该是"捉刀"，例2"捉刀"应该是"捉笔"。

辨 析

"捉刀"是一个词语，语本《世说新语·容止》。说的是曹操有个名叫崔琰的武官，字季珪，长得仪表堂堂，胸前长须飘飘，更显威武不凡。有一次，曹操将接见匈奴来使，自以为形陋不足以雄远国，便使崔季珪冒充自己，自己捉刀立床头。会见完毕，派人问匈奴使者："魏王何如?"使者答："魏王雅望非常，然床头捉刀人，此乃英雄也。"这个故事中的"捉刀"，有替代的意思，后来人们便称代人作文或顶替人做事为"捉刀"。如，请人代写文章，就叫"请人捉刀"；而替人作文的人，则叫"捉刀人"。又如，"家庭作业机械重复 家长无奈替女'捉刀'"。(湖北招生考试网,2006-04-25)

而"捉笔"是一个短语，即抓笔、握笔，引申为记录或写作一类的活动，并无"替别人写作"的意思。例如，"山西省公务员笔

试结束　两万人捉笔'厮杀'"。（51 考网，2007－05－17）美国国会法律顾问办公室是众议院起草议案的重要工作机构，担负着众议院绝大部分议案的起草工作，因而被称为"议案的捉笔人"。

这两个词有明确的区分："捉刀"有"替代"的意思，而"捉笔"则没有此义。

链 接

与曹操有关的典故性语词

除了"捉刀"外，汉语中还有一些与曹操有关的典故性语词。试举几例。

鸡肋　本谓鸡的肋骨，比喻无多大意味，但又不忍舍弃之事物。《三国志·魏志·武帝纪》"备因险拒守"裴松之注引晋司马彪《九州春秋》："时王欲还，出令曰'鸡肋'，官属不知所谓。主簿杨修便自严装，人惊问修：'何以知之？'修曰：'夫鸡肋，弃之如可惜，食之无所得，以比汉中，知王欲还也。'"

望梅止渴　比喻以空想安慰自己。典出《世说新语·假谲》："魏武行役失汲道，军皆渴，乃令曰：'前有大梅林，饶子，甘酸可以解渴。'士卒闻之，口皆出水，乘此得及前源。"

说曹操，曹操到　是一句流行俗语。史载，汉献帝在李傕与郭汜火拼时曾一度脱离险境，然而李郭二人合兵一处后继续追拿汉献帝。有人献计推荐曹操，说他平剿青州黄巾军有功，可以救驾。然而信使未出时联军已杀到。眼看走投无路之际，夏侯敦奉曹操之命率军前来"保驾"，后将李郭联军击溃。曹操被加封官爵。故民间有"说曹操，曹操到"之说，形容曹操耳目众多，动作迅速。也指"说及某某人就来了"这个意思。

"罪不容诛"须重罚

错　例

1. 刘金凤用硝酸泼侄女,虽然罪大恶极,但罪不容诛。如果留下她的话,那么听到她忏悔的人,是不是会受到更大的警示呢?

2. 某市原副市长许运鸿家教不严,妻儿收受贿赂 80 多万元。有人认为,许运鸿虽有不可推卸的责任,但他事先并不知情,故而罪不容诛。

诊　断

误解词义。"罪不容诛"是说一个人所犯的罪过很大,即使判处死刑诛杀了他,也抵偿不了其所犯罪恶。上述例句将"罪不容诛"误解为罪不应诛了。例 1 可把"但"字删除;例 2 可改为"罪不应诛"。

辨　析

"罪不容诛"的近义词是"罪大恶极""罪该万死""十恶不赦"等。可能是因为成语"罪不容诛"中有一个否定词"不",因而不少人把它误解成了"虽然有罪过,但还没有达到应被诛杀的程度"。这是典型的望文生义。

"罪不容诛"的"容",就是适宜、允许;"诛",就是杀死、判处死刑。语本《孟子·离娄上》:"争地以战,杀人盈野;争城以战,杀人盈城。此所谓率土地而食人肉,罪不容于死。"汉代训诂学家赵岐解释说:"言其罪大,死刑不足以容之。"在语用实践中,

"罪不容诛"一直只有单一的义项。姚雪垠《李自成》:"臣当时无知人之明,贸然推荐,实亦罪不容诛。"

从词形上看,"罪不容诛"也可以写作"罪不胜诛""罪不容死"等。

链 接

一道高考模拟题

下列各句中,画底线的成语使用正确的一句是(　　)。

A. 专家指出,教育孩子一定要讲究方式方法,要多交流沟通,不能总是<u>耳提面命</u>,絮絮叨叨的。

B. 妻子饲养这些家畜,原是想用来振兴<u>每况愈下</u>的家业的,但她劝阻不了丈夫拿它们去换两块所谓有"魔法"的磁铁。

C. 法庭经过激烈辩论,达成共识:张德兴因正当防卫致使袁鸣海丧命,实属<u>罪不容诛</u>。

D. 在刚刚结束的"劳模"评比会上,王师傅因其感人的事迹被大家<u>十目所视,十手所指</u>,评为本年度的"劳模"。

正确答案是 B。A 句中"耳提面命"的意思是恳切地教导,不合语境;C 句"罪不容诛"不合语境,意思正好说反了;D 句"十目所视,十手所指"的对象应是被贬斥、被否定的,故不合语境。

"坐怀不乱",情操高尚

1. 不得不佩服他坐怀不乱的定力。在被大马队扳平的最后九分钟,他像一尊活佛,稳坐教练席,观看自己的队员拼杀绿茵场。

2. 自己的妻子和别的男人鬼混到如此地步,他还能坐怀不乱,对她不离不弃,好好守护着他们的婚约,实在令人奇怪。

诊 断

望文生义,误解词义。"坐怀不乱"只能用来形容男子在两性道德方面的高尚情操。例1讲的事,与男性道德无关;例2中的"他",只是面对妻子的不忠表现出了匪夷所思的定力而已,并无面对女色诱惑的问题。

辨 析

"坐怀不乱"的字面意思,就是女子坐在怀里也不淫乱。语本《诗·小雅·巷伯》毛传:"子何不若柳下惠然?姬(yǔ,以体相温)不逮门(来不及进城门)之女,国人不称其乱。"柳下惠是春秋时人,被认为是遵守中国传统道德的典范,他"坐怀不乱"的故事广为传诵。故事说的是,柳下惠有一次夜宿城门,遇一赶不上进城的年轻女子,恐其冻伤,于是他让女子坐于己怀,以衣裹之,如此过了一夜而无非礼的行为。后以"坐怀不乱"形容男子正派,即使在容易发生不当的男女关系的情况下也能保持自身纯洁。《金瓶梅词话》第五十六回:"其实,水秀才原是坐怀不乱的,若哥请他来家,凭你许多丫头小厮同眠同宿,你看水秀才乱么?"

一个男子在有女色诱惑的场合而能克制自己的欲念,不为所动,不做非分之事,就可以称誉他"坐怀不乱"。比如,媒体报道说,"意大利著名足球教练特拉帕托尼亮相米兰老板贝卢斯科尼旗下的意大利一台一档名为 Chiambrettinight 的真人秀节目。美女们穿上了护士服搞起'制服诱惑',在如此香艳的氛围中仍能'坐怀不乱'侃侃而谈,老帅的定力令人折服。"(腾讯体育,2010-04-02)

"坐怀不乱"讲的是正人君子在特定环境下的自制力。它的近义词是"缩屋称贞",反义词是"见色起意"。

链 接

颜叔子"缩屋称贞"

成语"缩屋称贞"比较冷僻,语本《诗·小雅·巷伯》毛传:"昔者颜叔子独处于室,邻之釐妇(寡妇)又独处于室。夜,暴风雨至而室坏,妇人趋而至,颜叔子纳之而使执烛,放乎旦而蒸(麻秆)尽,缩(拆取)屋而继之。"颜叔子在一个风雨之夜,接纳了一位因暴风而房屋倒塌的邻家寡妇,因自己的房屋也不宽敞,孤男寡女只能独处一室。他让寡妇手执火烛取暖,后来麻秆用光了,他就折取房屋的木料来烧火取暖,始终没有侵犯她。后因以"缩屋称贞"颂扬对危难中的妇女不加侵侮的美德。《北齐书·废帝纪》:"颜子缩屋称贞,柳下妪而不乱,未若此翁白首不娶者也。"

小说《情缘录》中有一个用例:"和文确实是一个缩屋称贞、破壁燎火的好男儿,与美色同处一室,却无一点邪念。"

图书在版编目（CIP）数据

词误百析 / 杨林成著. —3版. — 上海:上海教育出版社, 2019.7
（字斟句酌）
ISBN 978-7-5444-9046-7

Ⅰ.①词… Ⅱ.①杨… Ⅲ.①汉语－词汇－分析
Ⅳ.①H13

中国版本图书馆CIP数据核字(2019)第148035号

责任编辑　李梦露　王　健
美术编辑　郑　艺

字斟句酌丛书
词误百析（第3版）
杨林成　著

出版发行　**上海教育出版社有限公司**
官　　网　www.seph.com.cn
地　　址　上海市闵行区号景路159弄C座
邮　　编　201101
印　　刷　上海昌鑫龙印务有限公司
开　　本　889×1194　1/32　印张8　插页1
字　　数　187千字
版　　次　2010年8月第1版　2019年7月第3版
印　　次　2025年1月第6次印刷
书　　号　ISBN 978-7-5444-9046-7/H·0313
定　　价　35.00元

如发现质量问题，读者可向本社调换　电话：021-64373213